Andrea Müller

Du kannst dich jetzt ausziehen, wir rauchen hier nackt

Über den Wahnsinn der Liebe in der Mitte des Lebens

mvgverlag

Bibliografische Information der Deutschen Nationalbibliothek
Die Deutsche Nationalbibliothek verzeichnet diese Publikation in der Deutschen Nationalbibliografie. Detaillierte bibliografische Daten sind im Internet über http://d-nb.de abrufbar.

Für Fragen und Anregungen:
info@mvg-verlag.de

Originalausgabe
1. Auflage 2020

Nymphenburger Straße 86
D-80636 München
Tel.: 089 651285-0
Fax: 089 652096

Redaktion: Silke Panten
Umschlaggestaltung: Sonja Vallant
Umschlagabbildung: shutterstock/AnaSla, Demonova
Satz: Digital Design, Eka Rost
Druck: CPI books GmbH, Leck
Printed in Germany

ISBN Print 978-3-7474-0142-2
ISBN E-Book (PDF) 978-3-96121-501-0
ISBN E-Book (EPUB, Mobi) 978-3-96121-502-7

Andrea Müller

Du kannst dich jetzt ausziehen, wir rauchen hier nackt

Für John und Henry

INHALT

PROLOG

DER MANN IM BAUM

Wie ich mich in einen Gärtner verliebe und wie meine Kinder versuchen, mir die Tour zu vermasseln.

In dem Moment, als ich ihn im Rückspiegel durch die regenverschmierte Heckscheibe auf dem frisch eingesäten Acker stehen sehe, weiß ich: Wir werden Sex haben. Herbstregen fällt wie aus Eimern vom Hamburger Himmel; wir sitzen im Auto vor meiner Haustür. Die Kinder hinten, ich vorne. Er schaut in meine Richtung, hebt die Hand zum Gruß.

Mit Schwung steckt er die Schaufel in den feuchten Boden, streift im Gehen seine Handschuhe ab, kommt in Zeitlupe auf meinen Wagen zu. Es ist sein letzter Tag auf der Baustelle gegenüber. Ich bin rechtzeitig zurück, um mich zu verabschieden. Fünf Minuten später, und er wäre weg gewesen.

Hat er auf mich gewartet? Trotz des Regens? Ich komme immer um kurz nach 16 Uhr, wenn ich die Kinder aus Schule und Kindergarten abgeholt habe. Die Jungs schießen jedes Mal wie Pfeile aus dem Auto, während der Gärtner von gegenüber seine Sachen packt und mir stets zum Abschied winkt.

»Kennst du den etwa?«, fragte mein Sohn Caspar einmal.

»Ja, wir trinken morgens manchmal Kaffee«, sagte ich.

Seit acht Wochen geht das so, zwischen Balkon und Baustelle, Baum und Küchenfenster. So haben wir uns kennengelernt, der Gärtner und ich. Er mit Laubsäge in der Hand, ich im Morgenrock, mit Kaffeebecher am Küchenfenster. Er winkte stets lächelnd zu mir herüber, wenn ich länger als nötig am Fenster stand und ihm zusah, wie er im Baum hing und Äste absägte. Heute werde ich ihm meine Handynummer geben. Mein Herz rast, ich atme durch. Was kann schon groß passieren? Außer dass er sich geschmeichelt fühlt und doch nicht anruft. Auslachen wird er mich schon nicht. Ich bitte meinen Sohn Caspar, neun, mir ein Blatt Papier aus einem Schulblock zu reißen, um meine Handynummer draufzuschreiben.

»Kein Blatt mehr frei, sorry, Mama!«

Wow, das nenn ich Sabotage, mein Sohn will mir die Tour vermasseln. Er fühlt sich als Chef im Haus, seit Papa weg ist. Für ihn herrscht dort unverändert das Patriarchat. Nach ihm kommt lange nichts; sein Bruder Ben, vier, ist Vizechef, und seit sie wissen, dass die Schildkröte ein Junge ist, belegt sie den dritten Platz in dieser Machtstruktur. In Ermangelung eines Zettels kritzele ich meine Nummer auf die Innenseite eines Kaugummipapiers, welches sich zwischen anderen Papierchen unter dem Beifahrersitz anfindet. Und falte es in die ursprüngliche Form des Kaugummis zurück.

Auf der Autorückbank schlingt Caspar indes schlagartig Arme über Kopf und Augen und duckt sich, als würde im näheren Umfeld demnächst eine Handgranate explodieren.

»Warum gehst du in Deckung?«, will ich wissen.

»Also, Mama, ich will jetzt echt nicht miterleben, wie der **nicht** deine Nummer will!«

Ich atme ein. Und wieder aus. Was denkt sich mein Sohn? Who the fuck ist in seinen Augen Mama? Ein teilweise mit Gammelfleisch versetztes Küchengerät, das ungefragt die eigene Mobilfunknummer an Typen verteilt, die bisweilen in 15 Meter hohen Bäumen hängen? In Caspars Augen ist das so weit oben, wie ein Mann eben oben sein kann. 15 Meter Höhe, für ihn ist das gleich Chefetage und eh weit über Mama, die lieber auf einer Fisch-sucht-Fahrrad-Party mit Resthaar-Material ihres Alters Foxtrott tanzen sollte. Vorausgesetzt, er wüsste, was das ist. Andererseits: Spricht es nicht auch für tief empfundene Loyalität mir gegenüber, dass mein Neunjähriger meine Blamage, »falls der Gärtner nicht meine Nummer will!«, stellvertretend für mich mitempfindet?

Während der Mann von der Baustelle sich langsam nähert, berät sich mein Backoffice auf respektive unter dem Autorücksitz, so als wäre ich gar nicht da, über die Konsequenzen: Was, wenn der jetzt doch Mamas Nummer will?

»Der ist viel zu cool für Mama!«, sagt Caspar.

»Wieso, aber falls er besser Fußball spielt ...«, meint Ben.

»Besser als WER, Ben? Hast du je einen Freund von Mama gesehen, der Fußball spielt?«, fragt Caspi.

»Aber vielleicht hat er wenigstens ein iPad?«, ergänzt Ben.

Der Mann vom Baum klopft mit dem Fingerknöchel an die Fahrerscheibe. Er hat die Kapuze seiner Regenjacke tief ins Gesicht gezogen, seine Augen leuchten helltürkis in seinem gebräunten Gesicht.

Es regnet. Es ist peinlich.

Ich steige aus. Auch weil ich es unhöflich finde, ihn da allein im Regen stehen zu lassen. »Bleib doch im Auto sitzen bei dem Regen, ich setze mich auf den Beifahrersitz, dann können wir uns in Ruhe verabschieden«, sagt der Mann mit den türkisfarbenen Augen. Abschied! Mir wird schlecht bei der Vorstellung.

»Nee, lass mal. Die Kinder sind im Auto«, sage ich und denke an den armen Caspar, eingequetscht hinter dem Beifahrersitz.

»Die Kinder? Ich sehe nur einen, aber der ist ja noch klein …?«

In der Sekunde streckt Ben seinen Kopf durch die offene Fahrertür. »Mein Bruder versteckt sich, weil er sich schämt!« Und weiter: »Ich bin nicht klein. Und Mama ist viel älter als du. Und wir wissen, dass kein Kaugummi da drin ist, sondern Mamas Telefonnummer!«

Schmerzliche Worte der Wahrheit gehören zu den Spezialgebieten meiner Kinder. Seit sie reden können. Sie haben ein Gefühl dafür, wo's wehtut. »Haben sie von mir«, sagt Sebastian, ihr Vater. So wie alles Schlechte. Bevor alles noch schlimmer wird, überreiche ich dem Mann vom Baum hastig das Fake-Kaugummi mit meiner Handynummer drin. »Vielleicht können wir mal in Ruhe ein Bier trinken.«

Um die Szene nicht unnötig in die Länge zu ziehen – mit Caspar unterm Sitz, Ben, dem Tonband ohne Stopptaste, im Nacken und dem Gärtner und mich im Regen –, lüge ich.

Ich müsse sofort los (gelogen), mein Metzger schließe (auch gelogen) und ich bekäme später noch Gäste (auch gelogen). Na ja, manchmal bekomme ich ja tatsächlich spontan und völlig unverhofft Gäste. Also, was man so Gäste nennt. Frisch getrennte, zum Teil nur noch flüssig ernährte Frauen mittleren Alters, deren Vermehrung in Hamburg einem losgetretenen Schneeball gleicht, der langsam zur Lawine wird. Einer Epidemie, die sich langsam ausbreitet. Wir essen wenig und therapieren uns in erster Linie selbst. Manche von ihnen beten ab einem bestimmten Promillepegel in Endlosschleife dieselben Textpassagen runter, so lange, bis ich auf dem Sofa einschlafe. Meine Gäste sitzen dann immer noch da. Also keine Gäste in dem Sinne, für die ich zum Metzger hätte gehen müssen. Sondern höchstens in die Weinhandlung oder die Schnapsabteilung bei Aldi.

Eine Notlüge ist eine Lüge, die meine Not verkürzt. Ich steige zurück ins Auto, klatsche die Fahrertür zu und lege den Rückwärtsgang ein. Nichts wie weg hier, egal, wohin. Der Mann von der Baustelle sieht hilflos aus. Er winkt am Straßenrand, während ich in Richtung Ottensen links auf die Elbchaussee abbiege. Ich kann noch sehen, wie er sein Handy aus der Hosentasche fischt, das Papierchen entfaltet und meine Nummer eingibt.

»Wofür braucht der denn jetzt genau deine Nummer, Mama?«, fragt Ben.

»Hecke schneiden!«, sage ich.

»Welche Hecke denn, Mama?«

Man muss Vierjährigen auch nicht alles beantworten als Mutter.

»Wir haben keine Hecke, du Noop!«, sagt Caspar.

»Kannst wieder hochkommen, Caspi, er ist weg.«

Die Arbeit des Gärtners hatte er wochenlang mit sehnsüchtigem Kleinjungsblick verfolgt. Wie er im Bagger saß, den Acker umgrub, die Hecke beschnitt, Zaunpfähle mit dem Hammer in die Erde klopfte. Bisweilen standen er und sein Bruder mit Kumpels am Küchenfenster, wenn der Gärtner wie ein Orang-

Utan in der Baumkrone hing, Äste absägte und manchmal sein T-Shirt auszog. Im Spätsommer habe ich ihn zum ersten Mal angesprochen. Ich ihn. Nicht er mich. Ob er mir helfen könne, meinen alten Teppich vom Wohnzimmer in meinen Kofferraum zu tragen. Der Teppich müsse dringend zum Recyclinghof.

Ich siezte ihn, um mir zu beweisen, dass ich die nötige Distanz bewahre. Warum einen Freund anrufen, wenn direkt vor meiner Haustür ein Garten- und Landschaftsbauer steht, dessen Muskeln in der Sonne glänzen?

»Klar helf ich dir«, sagte er, rollte den schwerfälligen Teppich zusammen wie ein Seidendeckchen, verstaute ihn geschickt in meinem kleinen Kofferraum und drückte behutsam den Kofferraumdeckel zu. »Ich bin übrigens Adrian«, sagte er höflich und hielt mir die Hand hin. »Schaffst du den Rest alleine?« Er duzte mich. Welchen Rest?

Meinte er damit: Gibt es etwas, was du alleine kannst, nachdem du mich mit diesem blöden Frauending angequatscht hast? Als wärst du ein schwaches, hilfloses Mädchen? Das in Wirklichkeit eine sexuell frustrierte Mutter von der Elbchaussee ist, die diesen Vorwand benutzt, um anzubandeln? Die von Sex auf dem Bagger träumt, während ich Teppiche in ihr Auto trage? Oder denkt er das gar nicht? Sondern denke ich nur, dass er das denkt, weil ich Angst habe, dass jede Frau mit ihm ins Bett will, die ihn einmal im Baum hängen sah? 1,90 Meter groß, schwarzes, dichtes Haar, Grübchen in den Wangen …

Nach der Sache mit dem Teppich habe ich aufgehört, in den Baum zu glotzen. Das gehörte sich dann nicht mehr.

Ich gebe Gas, stelle das Radio laut und überlege, was ich Sinnloses einkaufen könnte. Wäre der Vater meiner Kinder noch da, würde ich jetzt über das Abendessen nachdenken. Safranhühnchen mit Zitronen-Couscous oder Kürbiscremesuppe mit Croûtons und Koriander. Irgendwas Vernünftiges eben. Aber so? »Seit Papa weg ist«, fehlt mir oft die Muße für selbst gekochtes, gesundes Abendessen. Zumindest war es am Anfang so.

Als ich Ben am nächsten Tag aus der Kita hole, berichtet er seinem Kumpel Linus: »Seit Papa weg ist, gibt es abends immer Chicken Nuggets oder Pizza!«

»Dann ist bei euch ja jeder Tag Kindergeburtstag!«, kreischt Linus und fragt, ob er bei uns abendessen darf. Klar darf er. Ich nehme immer gerne Kinder anderer Leute mit. »Nimm nicht immer die Kinder von allen Leuten mit«, sagt Kathi immer. »Die potenzieren nur dein Chaos. Räum lieber mal auf. Dann fühlst du dich auch wohler ...« Plötzlich steht Josefin, Bens Erzieherin, neben uns, ich rücke schnell mein Image als Fastfood-Mutter wieder gerade: »Na ja, nicht jeden Tag, oder Ben? Oft schneide ich rohes Gemüse dazu oder heute habe ich zum Beispiel Buttermilch gekauft ...« Der Rest des ohnehin sinnlosen Satzes geht unter, als sich die Mutter von Nikodemus-Maximilian von schräg hinten in unsere Gruppe drängelt. Sie will klären, wer ihren Sohn gebissen hat. Und zwar sofort. Er hat eine heftige, blau-gelbliche Bisswunde am Oberarm, die könne sich entzünden und zu einer Sepsis führen. »Mein Mann ist nämlich Chirurg!«, sagt sie. Aha. Im Übrigen habe sie nicht den Eindruck, das Leben sei ein Kindergeburtstag, »seit Papa weg ist«, zischt sie im Gehen, mit Seitenblick auf Ben. Wow. Was veranlasst Felicitas Wassmann, die ich nur vom Sehen kenne, zu solchen Formulierungen? Sie lässt uns stehen, um weiter nach dem bissigen Angreifer ihres Kindes zu fahnden. Sie erreicht ein anderes, betroffen dreinschauendes Müttergrüppchen, eine dreht kopfschüttelnd die Augen nach oben.

»Nehmen Sie es nicht persönlich«, sagt Josefin, »bei Wassmanns ist auch gerade ›der Papa weg‹.« Das sei noch nicht offiziell bei den »Koalabären«, wie Bens Gruppe liebevoll hieß. Doch ich solle mir keine Sorgen machen. Hinter dem Beißangriff stehe keinesfalls Ben. Seit »sein Papa weg ist«, leide Nikodemus-Maximilian an unberechenbaren Wutanfällen. Oh Gott. Ob das bei allen Kindern so sei, »wo Papa weg ist«, frage ich die Erzieherin. Nein. Sagt Josefin. Nur bei denen, wo die Mütter entsprechend am Rad drehen, dauernd heulen und komplett ihre innere Mitte verloren haben. »Vielleicht weil sie Angst hat, dass sie ihren Whirlpool nach der Scheidung verliert?«, frage ich. Drehe ich denn oft am Rad? Wo ist meine innere Mitte? Heule ich oft? Jedenfalls nicht so oft wie **vor** der Trennung. Vieles zelebriere ich ganz bewusst, »seit Papa weg ist«, bevor die Kinder auf die Idee kommen, traurig zu werden. Zum Beispiel unsere *The-Voice-Kids-Partys*. Dann singen wir Playback in Löffelmikros und tanzen, die Jungs trinken Zuckerscheiß und krümeln ihre Pizza auf den Wohnzimmerteppich. Und auch Mama bekommt 'n Drink.

Oft kommt dann später noch Besuch aus dem Club der Frischgetrennten, teils mit, teils ohne Kinder. Frauen aus der Nachbarschaft, die ihr Leben als Glucken in Barbour-Jacken mehr oder weniger freiwillig an den Nagel gehängt haben. Sie alle sind irgendwo zwischen total fertig und in feierlicher Aufbruchstimmung. Jede von ihnen ist irgendwie aus der Spur geworfen. Einige sind immer noch unter Schock und in ständiger Entrüstung darüber, dass das Unmögliche auch bei ihnen eingetroffen ist. Wie eine tödliche Krankheit. Einige sind in dem

Glauben, es müsse ein sofortiger Ersatz-Papa gefunden werden. Doch im Damenclub der Frischgetrennten von der Elbchaussee setzt langsam die Erkenntnis ein, dass im Scheitern einer Ehe auch immer eine neue Chance liegt. Alle hier leiden, heulen, spucken Feuer, Gift und Galle, schwören Rache, lachen, feiern, verlangen nach Libertinage und lassen es krachen.

Nur eines kommt nicht vor: Langeweile.

KAPITEL 1

ELF REGELN FÜR DIE ZEIT ALS FRISCHGETRENNTE

Wie das überhaupt weitergehen soll, nachdem ich meine Ehe über Bord geworfen habe.

Ich bin raus. Nach knapp zehn Jahren Ehe, selbst gewählt. Im freien Fall? Oder einfach nur frei? Manchmal ist es ein zugefrorener See im Nebel, weit und breit kein Nest mehr, keine feste Wand, die mich umgibt und hält. Ich denke an Janis Joplins Worte, diesen Songtitel mit »Freedom« in der Headline: Findet sie es eigentlich arm, dass Freiheit nur bedeutet, dass man nichts zu verlieren hat? Oder erstrebenswert? Ich bin allein. Kein Ehemann mehr, der zum Kellner sagt: »Meine Frau isst keinen Fisch, bitte bringen Sie ihr ein schönes Stück Filet.«

»Meine Frau.« Das war ja ich. Ein durch Possessivpronomen markiertes Eigentum. Es ist ja auch das Wesen einer Ehe, was viele romantisch finden oder mit Stolz erfüllt. Ich habe die

Phrase »mein Mann« in zehn Jahren Ehe nicht einmal benutzt. Ich habe immer seinen Vornamen oder seinen Beruf genannt, um ihn in einer Runde vorzustellen, manchmal sagte ich auch: »Das ist der Vater meiner Kinder.« Ich wollte nie jemandes Frau sein. Auch nicht die Frau meines Mannes. Ich habe ihn kein einziges Mal »mein Mann« genannt. Aber das hatte nichts mit ihm zu tun. Denn vorzeigbar war er durchaus.

Die erste Zeit nach der Trennung ist emotional. Ein Zustand zwischen Angst vor der Zukunft und Zweifeln, ob das alles so richtig war. Und voller Gefühle. Schließlich sollte meine Ehe doch eigentlich für immer sein. Gibt es ein neues »für immer« nach der Ehe? Als Patchworkfamilie? Oder bieten sich, nachdem das klassische Familienmodell – und die damit einhergehenden Rollenbilder – gesprengt wurde, ganz neue Möglichkeiten? Was suchen wir jetzt, nachdem wir festgestellt haben, dass die »Männer unserer Träume« nicht das sind, was wir uns als kleine Mädchen erhofften? Um die erste Zeit durchzustehen, mache ich mir selbst ein paar Regeln, die ich mir anschließend immer wieder mantramäßig durchlese. Sie sind nicht nur für Frauen, sondern für alle Geschlechter gültig, die gerade eine Trennung verschmerzen müssen. Immer wenn es mir Scheiße geht, ich traurig bin oder mir Zweifel kommen, beachte ich meine Regeln.

Regel Nummer 1:

Sei freundlich und heule besser im Auto. Bei Freundinnen in der Küche. Bei anderen Freundinnen auf der Couch. Verteile deine Verzweiflung besser auf mehrere Freunde.

Am Anfang muss ich jedes Mal heulen, wenn Rio Reiser »Junimond« singt, auch wenn es Zufall ist, dass das Ende meiner Ehe im Juni besiegelt wurde. Aber ich heule im Auto, wo ich den Song extra als »Heulsong« abgespeichert habe, mit noch zwei, drei anderen Songs. Am wehsten tut mir der Riss der Familie. Da ächzt und stöhnt das Herz, auch wenn der Verstand immer wieder bestätigt, dass alles falsch war an dieser Ehe. Weh tut es trotzdem. Außer im Auto heule ich natürlich in der Küche meiner besten Freundin. Als ich zum Beispiel von der neuen Flamme des Ex-Mannes erzähle, die fünf Minuten nach seinem Auszug bei ihm eingezogen ist. Und mit hoher Wahrscheinlichkeit längst da war, als es mich noch gab.

Ich habe drauf geachtet, nicht die Nerven meines gesamten Umfeldes mit Drecklaune zu strapazieren. Denn wer will jemanden um sich haben, der permanent seinen Frust in die Welt hinausschreit? Wie oft ärgere ich mich über Mütter, die morgens über den Schulhof gehen und aussehen, als hätten sie Zitronen gefrühstückt, die sie jede Sekunde auf den Sandplatz kotzen. Selten habe ich so viele nette Menschen kennengelernt wie ausgerechnet in der Phase, als ich frisch getrennt war. Gerade auf dem Schulhof. Man braucht in der ersten Zeit nämlich nicht nur eine Freundin. Es ist besser, seine Verzweiflung auf mehrere zu verteilen. Und es ist total okay, Hilfe anzunehmen.

Ich habe mich auf alte Freunde besonnen! Also nichts gegen neu erworbene Müttergruppen, in denen sich jenseits des Sandkastens alles um Windeln, Impfungen, PEKIP-Gruppen, Abstillen, Mobbing im Kindergarten und Diskussionen über falsch gewählte Ehepartner dreht. Aber: Mit Freunden aus der Zeit, als alle noch Sex hatten und auch noch ständig darüber sprachen, kann man alte Zeiten in neue verwandeln. Da muss man nichts groß erklären, sie verstehen einen auch so.

Regel Nummer 2:

Denk daran, auch wenn die Kurzen manchmal deinen letzten Nerv rauben – du bist gerade als getrennte Mutter nie allein! Und hast immer was zum Liebhaben.

Die Bedeutung »Single« hatte vor der Ehe eine andere Bedeutung als jetzt – als Single Mom, 15 Jahre später im Leben. Doch das neue Singledasein im späteren Leben wird nicht weniger wild und aufregend. Nicht nur, weil die Kinder immer da sind und mich in Situationen bringen, in denen ich mir manchmal wünschte, ich hätte sie nie gemacht. Was natürlich Quatsch ist. Sie schaffen mitsamt Kumpels und Müttern einen lebendigen Rahmen meines Lebens, das neuerdings zur »Dramedy« geworden ist. Denn meistens sind sie ja bei mir. Im Gegenteil ist es eine besondere Zeit für mich, wenn die Kinder beim Vater sind. Kinderfreie Wochenenden sind so ziemlich die beste Erfindung im Leben einer Single Mom. Meine persönliche Dramedy als frisch getrennte Mutter umgibt mich wie eine unsichtbare Wolke, in der ich niemals allein bin. Der Geruch von Babypuder haftet an mir. Auch wenn ich abends an der Bar versuche, sexy auszusehen.

Nach meiner Trennung sind meine Kinder noch klein. Ben ist knapp zwei Jahre alt, als sein Vater auszieht, Caspar ist sechs und gerade eingeschult. Ich kann bei Dates oder einer Neubekanntschaft in Bars also nicht so tun, als existierten sie nicht, so wie meine Freundin Claire das immer tut. Während ich aus Versehen ein vollgekotztes Spucktuch aus der Tasche ziehe, weil ich den Lippenstift suche.

Claire verleugnet ihre Kinder im neu erlangten Singlestatus jedes Mal, wenn sie einen Mann kennenlernt. Sie ist mit 20 Mutter geworden und kann sich mit Mitte 40 auf allen Bartresen dieser Welt räkeln, während Bens Schnuller mir aus jeder Manteltasche fällt, seine Beißringe in meinem Geldbeutel feststecken und ich es kaum erwarten kann, nach Hause zu kommen und den Babysitter abzulösen. Auch der Blick auf mein Telefon verrät mich postwendend als Mutter kleiner Kinder. Wo früher Vor- und Nachnamen erwachsener Menschen eingespeichert waren, stehen heute durchaus zehnmal in einer Reihe Namen von Mutter und Kind: »Christine von Bela … Susanne von Ella … Birte von Leander«. Seit Caspars Geburt sind sie alle adelig. Die dritte Kategorie eingespeicherter Namen sind Spitznamen von Tinder- oder sonstigen Dates, die ich auch gleich hätte löschen können, anstatt sie mit Kosenamen wie »Depp«, »Der Gru« oder »Oger« in meiner Telefonliste zu speichern.

Regel Nummer 3:

Lass seine Freunde *seine* Freunde bleiben.

Such dir neue Freunde. Besinne dich auf die Mütter, mit denen er nichts zu tun hat. Und auf alte Freunde. Ich habe zum Beispiel keine reichen Freunde mehr, seit Sebastian weg ist. Ich bin raus aus der Gesellschaft, wo beim Pärchendinner diskutiert wird, ob es im »Hennsler« oder bei »Rach & Ritchie« besser schmeckt. Das Budget getrennter Mütter entspricht eher der Fastfoodkette mit dem großen gelben Buchstaben. Aber es gibt echt schlimmere Abendessen als einen BigMac. Vor allem für die Kinder.

Kein Schwein lädt mich mehr in die »Haus-auf-Sylt-Idyllen« ein, wo ich den frisch eingebauten Parkettboden mit den Absätzen meiner Holzclocks ruinieren könnte. Ich verbringe kein Wochenende mehr mit Pouilly Fumé im Glas in Teakholzliegen und sehe den Kindern beim Spielen in den Dünen zu. Samstagabends stehe ich mit all den anderen in die Jahre gekommenen Partygirls von früher auf dem Straßenfest und trinke Bier aus Plastikbechern. Je später der Abend, desto schillernder die Farben meiner Ehe. Zumindest in der ersten Zeit, als ich mir noch nicht sicher bin, ob das alles richtig war, drücke ich irgendwem immer die Storys rein, egal, ob derjenige das hören will oder nicht.

»Ich verstehe gar nicht, was du jetzt genau vermisst? Wer hat mehr Spaß? Die Mutter von damals, in den Dünen? Oder die Frischgetrennte heute Abend?«, sagte auf dem Schanzenstraßenfest einmal ein Mann, dessen Namen ich vergessen hab. Der schon die Worte Sylt und Ex-Mann zum Kotzen fand. Etwas Schlimmeres als Kampen, *das Pony* und *Leysieffer* habe er noch nie gesehen. Ob er mich küssen dürfe, damit ich die Klappe halte. Klar durfte er. Zwischendurch nannte er mich Sylt-Bitch. Wie konnte es nur so weit kommen?

Ich, ehemalige Bergdorfbewohnerin, werde nie meinen ersten Besuch auf der Nordseeinsel vergessen, als ich permanent dachte: »Wo soll das denn jetzt schön sein?« Saftlose Gräser, so weit das Auge reicht, viel zu viel Wind und ständig Sand in den Augen, der Himmel überwiegend grau. Und doch denke ich heute voller Melancholie an einen Strandspaziergang von Westerheide nach Kampen im Januar mit Kinderwagen durch den Sand. Wo ich irgendwie an allem schuld war, weil der Sand so feucht, der Wind so stark und der Kinderwagen einfach kaum zu bewegen war, den wir am Ende mit dem Rücken gegen den Sturm durch den Sand ziehen mussten.

Auch diese Pärchendinner, wo ich mich meist fühlte wie ein Lama im Eisbärengehege, werde ich nicht vergessen. Nichts gegen Fusion Food, nichts gegen den Smalltalk von High-Maintenance-Ehefrauen über Ayurveda im rajasthanischen Ashram oder den Duft der Kastanien in St. Tropez im Herbst. Das kann sehr unterhaltsam sein. Nur leider ankert meine Yacht im September so selten an der Côte d'Azur und ich habe keinen Schimmer, wie Kastanien im Herbst in St. Tropez riechen. Und ich glaube auch nicht an die spirituelle Erleuchtung bei Mungbohnen, gebratener Yamswurzel und Hirsemehl.

Vor allem die erste Phase nach der Trennung ist finanziell gesehen basic, gerade wenn der Mann Haupt- bis Alleinverdiener war. Vielen Frauen ging es vor der Hochzeit besser als nach der Scheidung. So wie mir. Ich nenne das einen typischen weiblichen Weg. Wer unvorsichtig mit seinen beruflichen Ambitionen umgeht, weil man Mutter werden will und denkt, der Job habe gerade mal Prio Nummer zwei, macht immer einen Fehler. Außer der Ehemann ist so reich, dass das Einkommen der Frau keine Rolle spielt. Aber wer hat schon so einen Mann? Eben. Jedenfalls: Schlechter als nach der Hochzeit und vor der Scheidung ging es mir auch noch nie. Doch immer, wenn ich mir leidtue, weil wieder kein Kleingeld für neue Schuhe da ist, denke ich einfach daran, was mir seitdem alles erspart bleibt.

Regel Nummer 4:

Denk immer, wenn du traurig bist, daran, was dir alles erspart bleibt.

Zum Beispiel Familienausflüge nach Bendestorf – zwischen Coppenrath-und-Wiese-Torten, Brokat-Gardinen und dem Dirty Talk von Onkel Heinz mit seiner Sekretärin draußen auf der Terrasse. »Jaja, das Büro schon wieder«, stöhnte Tante Elsa jedes Mal, wenn Onkel Heiz zum Telefonieren auf die Terrasse verschwand. Jeder wusste von Onkel Heinz' Sekretärin, sogar die Kinder. Nur Tante Elsa nicht. Ich hätte durchaus einen Drink vertragen, während Sebastian mit seinen Onkels und Brüdern ein Bier nach dem anderen kippte. Doch wir Frauen standen in der Küche, verteilten den Kuchen auf den Tellern und tranken Kaffee. Wie anno 1950. Drink ging halt nicht. Einer ist immer der Arsch. Einer ist immer der Driver. Und zwar ich. Und zwar IMMER. Das bedeutete jedes Mal eine Dreiviertelstunde Druckbeschallung vom Beifahrersitz, von Bendestorf in der Nordheide bis in die Elbvororte. Eine Dreiviertelstunde, in der ich von Minute zu Minute beschissener fuhr, als ich ohne Beifahrer je fahren würde. Eine Dreiviertelstunde, in der ich eine Million Mal »Fick dich!« dachte und ihm am liebsten über den Elbbrücken einen Tritt verpasst hätte. Auf Nimmerwiedersehen. Aber die Kinder saßen ja hinten. Auf jedem dieser Heimwege schwor ich mir: Morgen ist es vorbei. Das war das allerletzte Mal! Das allerallerallerletzte Mal!

Ich brauche keinen Beifahrer!

Regel Nummer 5:

Hadere nicht mit deiner Entscheidung.

Du hast sie nicht umsonst getroffen. War es größenwahnsinnig oder mutig, verrückt oder vernünftig, unverantwortlich oder konsequent? Wäre es falsch gewesen zu bleiben, war es leichtfertig zu gehen? Aus einer Ehe, die immer unglücklicher wurde? Die Stimmung in der ersten Zeit der Trennung schwankt zwischen Trauer über den Verlust der Familie, totaler Euphorie und Zweifel, ob die Entscheidung richtig war, inklusive straucheln, ob man ihn vielleicht doch zurückhaben will: vor allem dann, als er eine Neue hat. Doch die Würfel sind gefallen. Die Entscheidung war schwer, aber richtig. Und vor allem im Nachblick unvermeidlich.

Regel Nummer 6:

Er hat 'ne Neue? Scheiß drauf.

Und das gilt für alle emotionalen, sentimentalen, nah am Wasser gebauten, von der Melancholie des Familienschmerzes gebeutelten Frauen: also alle! Er hat 'ne Neue. Es hat fünf Minuten gedauert und du wurdest ausgetauscht. So ist es. So ist es mit jedem halbwegs vorzeigbaren, gutaussehenden Typen, der einen vernünftigen Beruf hat. Also: Vergiss es einfach! Es hat nichts mit dir zu tun! Die Erste ist meist nur ein Trostpflaster. Und du machst jetzt nicht den Fehler, ihn zurückzuwollen! Weil jemand dein Spielzeug geklaut hat und es doch DIR gehört. Nochmals: NEIN. Vergiss deine Eifersucht. Du willst ihn nicht zurück! Du bist nicht weniger, sondern mehr ohne ihn. Du brauchst das Gefühl »Vater, Mutter, Kinder« nicht, du bist nur noch Mutter und Kinder. Und manchmal Mutter ohne Kinder. Na und?

Ich bin Single, wenn die Kinder am Wochenende beim Vater sind. Ich schiebe es weg, das Gefühl, eine Familie mit Lücke zu sein, wie ein Auto, von dem ein Vorderrad abgefallen ist. Die Vorderräder nebeneinander liefen nicht mehr in dieselbe Richtung. Also bin ich das einzige Vorderrad in dieser Familie, solange die Kinder bei mir sind. Und das ist die meiste Zeit. Dreiräder sind super! Häng dir eine Liste mit all seinen unmöglichen Eigenschaften über den Küchentisch, die dich jeden Morgen auf dem Weg zur Tagesmutter und später zur Kita zum Heulen brachten.

Regel Nummer 7:

Egal, was alle anderen sagen: Alleinerziehende Mütter können sehr wohl das Boot alleine steuern!

Ab jetzt bist du selbst Familienoberhaupt. Du brauchst weder einen »neuen« Vater für deine Kinder, denn sie haben einen Vater. Noch brauchst du einen neuen festen Freund im Leben. Gibt es in Zeiten der gelebten Gendertheorie nicht zig undefinierte Familienformen, die alle Freiheiten der Welt bieten, die erlauben zu lieben, zu leben, zu lachen, zu turteln und zu tindern – mit wem und wie du willst? Oder mancher von uns vielleicht erlauben, auch einfach Single zu bleiben?

Regel Nummer 8:

Genieße die Freiheit, die Männer und die neuen Aspekte, die das Leben dir bietet.

»*Freiheit ist das Einzige, das zählt*«, sang schon Marius Müller-Westernhagen, auch wenn es nur wenigen Frauen gelingt, ihre frisch erlangte Freiheit entspannt zu verwalten. Sicher, jede Singlemutter kennt das: Manchmal beneiden sie kinderlose Singlefreundinnen. Sie müssen, anders als wir Mütter, nur ein einzelnes, erwachsenes Herz verwalten. Ohne Kinder, die ihnen permanent die Tour vermasseln, die sie auffressen, beanspruchen und ausfüllen, finanziell, emotional und zeitlich. Nein, Gott bewahre, ich bin keine »Regretting-Motherhood-Mutter«, keine, die die Existenz ihrer Kinder je bereut hat. Trotzdem: Liebe bindet. Liebe fesselt. Liebe macht unfrei. Seit ich getrennt bin, fällt es mir schwer, außer meinen Kindern einen Menschen zu dulden, dessen Anwesenheit mir Grenzen auferlegt oder Regeln abverlangt. Immer wieder wundere ich mich über Mütter, die in der zweiten Runde vom Regen in die Traufe gehen, die alles genauso machen wie zuvor, inklusive kochen, putzen, Socken waschen, Betten machen, schminken, Botox, Detox, Low Carb, Peeling, Curling, Waxing, Fett absaugen, Haare färben, Haare eindrehen, Tische bestellen, Urlaube buchen, Hemden bügeln, Kinder zur Schule bringen, mit *seinen* Kindern verreisen. Gehört das echt alles dazu, zum Frausein? Wie beschissen anstrengend ist das bitte? Wenn Frauen zu einem Bruchteil davon bereit sind, haben sie überhaupt kein Problem, in der zweiten Runde einen neuen Mann zu finden. Egal, ob sie 70 oder 80 Kilo wiegen, egal, ob sie 50, 60 oder 70 Jahre alt sind: Dann sind sie beziehungskompatibel. Aber was ist mit denen, die dazu nicht bereit sind? Die sich nur mit einem »besseren« oder »passenderen« Mann begnügen – oder lieber gar keinen mehr wollen? Viele Frauen wollen gerade in der zweiten Lebenshälfte keine Kompromisse mehr machen und fühlen sich als Single glücklicher und vor allem entspannter. Geschätzt ein Drittel aller Singles sind laut eigener Aussage freiwillig Single.

Regel Nummer 9:

Eine neue Liebe in der zweiten Runde erfordert komplettes Umdenken. Also verschiebe es erstmal auf später.

Liebe in der zweiten Runde ist eine Frage des Gebens und Nehmens, des Ertragens mit evidenter, innerer Balance. Beziehungen sind Kompromisse. Manche von uns haben in der zweiten Lebenshälfte Frieden mit sich selbst gefunden. Aber lässt er uns milder werden in unseren Beurteilungen? Toleranter? Ist es Zeit, unser Beuteschema den neuen Umständen anzupassen? Und klappt das denn überhaupt (und zwar nicht erst nach 180 Therapiestunden)? Welche Kompromisse müssen wir machen? Oder machen wir weiterhin dieselben Fehler – und suchen uns denselben Mann in Grün und machen alles wie bisher, bis wir wieder alles an die Wand fahren? Wollen wir uns unterordnen oder brauchen manche von uns einen, der sich uns unterordnet? Gibt es überhaupt diese Beziehung auf Augenhöhe, nach der wir vermeintlich alle streben?

Viele vergessen auf ihrer angestrengten Jagd nach dem großen Glück auch das kleine Glück zwischendurch. Im Taumeln, zwischen dem Ende der Ehe und dem neuen Anfang. Dabei geht es gerade darum: das kleine Glück. Es ist interessant, dass alle spirituellen Gurus und jeder Wald- und Wiesentherapeut uns den Genuss im Hier und Jetzt predigen – und wir dennoch mit unseren Gedanken stets in unserer alten Ehe oder bei einem neuen potenziellen Lebenspartner hängen.

Regel Nummer 10:

Du hast nichts zu verlieren!

Warum fragen Frauen immer noch als Erstes: »Hat das Zukunft?«, wenn man mit einem neuen Mann um die Ecke kommt, der offensichtlich eine Eintagsfliege ist. Ich meine: Was soll diese Frage? Sorry, Schwestern: 50er-Jahre. Was heißt hier

Zukunft? Will ich mit einem gleich ins Altersheim, nur weil wir gestern gut gevögelt haben? Muss ich ihn deswegen später im Rollstuhl durch die Gegend schieben? Für viele mag die Idee vom gemeinsamen Altern romantisch sein. So bekommen wir es schließlich in jeder Hollywoodschnulze serviert. Falls ich je so alt werde, lebe ich lieber in einer Althippie-WG an der Algarve, wo wir den ganzen Tag kiffen, Yoga machen, wo manche Frauen mit über 60 noch anfangen zu surfen. Und wenn eine nicht mehr kann, helfen ihr die anderen. Ich werde nicht wie die alte Frau im Rollstuhl, deren Mann sie hasst, weil sie nicht mehr schön genug und ein gemeines Biest geworden ist, und der ihren Rollstuhl irgendwann von der Klippe stürzt. Noch ist es nicht so weit. Und ich frage mich immer wieder: Warum sind Frauen so schlecht darin, den freien Blick auf die Männerwelt zu genießen?

Dabei ist es übrigens egal, ob wir Frauen dabei aus unseren familiären Strukturen gestürzt wurden oder ob wir uns selbst gestürzt haben: Wir wissen alle, dass der Preis dafür, den mehr oder weniger sicheren Hafen der Ehe zu verlassen, hoch ist. Ist es die Sache trotzdem wert? Oder wollen wir weiterhin unser Leben im Unglück unserer Sicherheit verschwenden? Haben wir nicht nur eines? Waren wir nicht unsichtbar, unattraktiv oder unterdrückt in unseren Ehen? Wurden wir nicht betrogen oder belogen oder behandelt wie ein weiterer Stuhl am Esstisch? Haben wir uns nicht jeden Tag gefragt: Und, war's das jetzt, mit der Liebe?

Wir können flirten, tindern, bumbeln, glotzen, knutschen, uns falsch verknallen und das andere, das eigene oder überhaupt jedes Geschlecht noch mal neu entdecken. Und wenn's wieder nicht klappt: auch egal. Wir haben unsere Fortpflanzungspflicht erfüllt. Die Zeit der Familiengründung, der tickenden Uhr des Körpers, noch rechtzeitig Mutter zu werden, ist vorbei. Wir sind »entspannt desillusioniert«. Tatsächlich kommt es nicht mehr darauf an, ob eine Seifenblase mehr zerplatzt. Die Fallhöhe des Verlustes wird nie wieder so hoch sein wie damals, als die Familie auseinanderbrach.

Regel Nummer 11:

Arm, aber frei! Nach der Ehe bist du oft klamm. Aber die bittere Pille gehört zum Abenteuer Neustart dazu. Geld ist nicht alles.

Auf in ein neues Leben, mit sexuellen, emotionalen, gesellschaftlichen, jobtechnischen Experimenten, in eine ungewisse Zukunft. Auch wenn der wirtschaftliche Aspekt nach der Ehe (das Armutsrisiko alleinerziehender Mütter) leider nicht wegzuleugnen ist, denn fast jede geschiedene Frau, die nicht mit Donald Trump verheiratet war, fällt nach der Scheidung in ein finanziell deutlich bescheideneres Leben zurück – egal, wie gut sie ausgebildet ist. Der Wohnraum reduziert sich, die Urlaubszeit, das Budget für die schönen Dinge des Lebens. Und trotzdem: Scheidung bedeutet Freiheit!

Es erfordert vor allem Mut, sich jenseits der 40 vom (zumeist) Ernährer der Familie zu trennen. Aber ist das Leben nicht zu kurz, um es mit jemandem zu verbringen, der einen klein, traurig und depressiv macht? Kinder hin, Lebenstraum, gemeinsames Haus her. Und selbst Liebe ist übrigens kein Garant für eine funktionierende Ehe, ja manchmal ist sogar das

Gegenteil der Fall. Wir kennen doch alle das Phänomen von den Gegensätzen, die sich anziehen: Zuerst ist man einander zugetan und fasziniert vom anderen, sieht aber vieles zu verschieden und verwendet riesige Teile der eigenen Zeit darauf, sich dem anderen zu erklären. »Letztlich bleiben sie sich fremd«, schreibt Thomas Meyer in *Trennt euch!*. »Denn auch die heftigste körperliche Anziehung, die aufrichtigste Kommunikation und der gewandteste Paartherapeut sind nicht imstande, Ähnlichkeit zu schaffen.« * Und selbst eine finanziell angespannte und gesellschaftlich weniger akzeptierte Lebenssituation ist lange nicht so schrecklich wie eine Zweisamkeit, in der man sich einsam fühlt. In der man sich im Spiegel nicht mehr in die Augen sehen kann, weil man weiß, dass man so kleingemacht wird wie der Staub unter den Schuhen. Ich wollte nicht länger Staub unter den Schuhen sein. Ich sage es mit Martin Walsers Worten: »Dem Gehenden schiebt sich der Weg unter die Füße.« Also nehmen wir unsere Beine in die Hand und gehen: raus aus dem Leiden, rein ins Abenteuer!

Es ist noch lange nicht vorbei!

* Thomas Meyer, »TRENNT EUCH!«, Diogenes, 2018, S.13

KAPITEL 2

SEX AN DER ELBCHAUSSEE

Wie ich nach einer wilden Nacht neben dem Fremden aufwache und ein schlechtes Gewissen habe. Im Hamburger Westen ist die Zeit vor 100 Jahren stehengeblieben. Getrennte Ehefrauen sind hier Twingos auf dem Porsche-Parkpatz: Falschparker.

Samstag, 11 Uhr

Das Erste, was mir auffällt, ist sein fast perfekt geformtes Ohr, das neben mir aus seinem schwarzen, wie von Lametta durchzogenen Haar herausragt. Ein Männerohr, so viel ist klar, und es gehört weder meinem Ehemann noch einem meiner Kinder, und auch sonst keinem, den ich kenne, das fremde Ohr, auf dem fremden Kopf. Und diese Hand, mit den Schwielen auf den leicht rissigen Fingerkuppen, die leicht angewinkelten Finger auf der Rundung meiner Hüfte, über meiner Bettdecke. In meinem Bett. Wir schreiben das dritte Trennungsjahr, der Rosenkrieg ist noch voll im Gange.

Ich springe auf, der Geruch von alkoholisiertem Atem und Aramis hängt in den zerwühlten Kissen (welcher Mann trägt bitte heute noch Aramis!). Ich wickle die Daunendecke um mich; es ist zu hell, um ihm den Blick auf meine unperfekte Nacktheit zu erlauben. Ich reiße alle Fenster auf, kalte Novemberluft durchströmt mein Schlafzimmer, ebenso der unerträgliche Lärm der miesen Seite der Elbchaussee. Es ist Papa-Wochenende, meine Kinder sind beim Vater. Jedes zweite Wochenende frei – es ist der größte Luxus im Leben alleinerziehender Mütter!

Ich bin Anfang 40, getrennt und noch verheiratet; meine Kinder sind acht und drei Jahre alt. Sebastian, Vater meiner Kinder, ist kein Einkommensmillionär, jedoch Inhaber eines »honorablen« Jobs. Man kennt sich, im Hamburger Westen.

Seit einem Jahr wohne ich mitten auf der Kreuzung, auf der miesen Seite der Elbchaussee; unsere alte Wohnung war für einen Elternteil allein nicht mehr bezahlbar: für Hamburger Verhältnisse jetzt nicht so schlimm wie Steilshoop oder Wilhelmsburg, wo jeder zweite Hartz IV bezieht und die Kriminalitätsrate ins Unendliche steigt. Aber die Sonnenseite ist eindeutig die andere. Auf der guten Seite der Elbchaussee haben die Bewohner Elbblick und Garten, ihre Villen sind nur von der Elbe aus zu sehen. Seit der großen Flüchtlingsankunft im Jahr 2015 gewöhnen sich Einheimische im Hamburger Westen mit durchschnittlichem Pro-Kopf-Einkommen von 100 000 Euro pro Jahr langsam an Geflüchtete und Leute wie mich. Ohne Hermès-Täschchen, ohne SUV und Bulgari-Ring, ohne UGGs und ohne Wurzeln in diesem ach so edlen Stadtteil: Leute in Jogginghosen, die nicht joggen und die am Ende des Monats froh sind, wenn der Automat noch 50 Euro ausspuckt.

»Mama, deine Adidas-Hose sieht ein bisschen Hartz IV aus«, sagt Ben immer. »Na und«, sage ich dann, »Hartz IV und der Tag gehört dir!« Ich bin eine Art Außenseiter mit Platz in der ersten Reihe. Aus den Lautsprechern der Touristenboote von der Elbe schallt durchs offene Schlafzimmerfenster: »Und schauen Sie, dort oben, dort oben an der Elbchaussee wohnen die Reichen Hamburgs, die meisten Einkommensmillionäre Deutschlands.« Sehr witzig. Vom Wasser aus gesehen wohne ich ja auch da oben. »So so, die Millionäre ...«, sagt der Mann in meinem Bett und lächelt. »Du wohnst also da oben, bei den Reichen ... den Einkommensmillionären Deutschlands ...«

»Mama, wären wir reich, wenn du Hugos Vater heiratest?«, fragt Ben immer wieder. Sein Freund Hugo ist auch bei den »Koalabären», seine Familie wohnt schräg gegenüber – auf der guten Seite der Elbchaussee. Aus Understatementgründen haben Hugos Eltern das Cayenne-Logo von ihrem Porsche entfernt. Man erkennt trotzdem, dass es ein Porsche ist. »Aber Hugos Vater ist ja schon mit Hugos Mutter verheiratet«, sage ich. Ben versucht es weiter: »Wären wir denn in Lurup reich?« (Lurup ist ein einfacherer Stadtteil im Hamburger Westen, eine Reihe weiter hinten.)

»Nein mein Schatz, in Lurup hätten wir auch keinen Porsche.«

»Und was, wenn wir nach Afrika ziehen?«

Bens Idee, nach Afrika zu ziehen, um sich im Vergleich mit den Nachbarn reicher zu fühlen, macht mich manchmal traurig. Ein Freund, bei dem ich mich kürzlich über die Auswirkung hiesiger Statussymbole auf die Kinder beschwerte, sagte: »Wenn du die Hitze nicht abkannst, dann bleib aus der Küche.« Wo er Recht hat. Aber ein Umzug in einen weniger wohlhabenden Stadtteil käme nach der Trennung einer weiteren Entwurzelung der Kinder gleich. Ich sage Ben, dass wir in unserem Umfeld, das grün, zentral und abwegig privilegiert ist, auch als Arme unter den Reichen im Weltvergleich immer noch reich seien. Dass Reichsein relativ sei. Dass wir uns keine Sorgen um Essen, Kriminalität und ein Dach über dem Kopf machen müssten. Dass Trinkwasser aus unserem Wasserhahn käme. Dass er nicht jeden Morgen im Hauseingang über Obdachlose steigen müsse, wenn er zur Schule geht, so wie die Kinder einer Kollegin, die auf St. Pauli wohnt. In ihrem Stadtteil ist es im Übrigen auch normal, dass getrennte Väter mit getrennten Müttern schlafen. Oder eigentlich eh jeder mit jedem. Auf St. Pauli ist alles erlaubt. Meine Kollegin muss sich keine Gedanken machen, dass Männer im Baum vor ihrem Fester tabu sein könnten. Aber es gibt ja auch kaum Bäume auf St. Pauli. Gestern Nachmittag, nachdem ich die Kinder zu ihrem Vater gebracht hatte, saß ich im Bus auf dem Weg in die City. Ein neues Kleid musste her, ein Duft von Chanel, etwas, um mich in Stimmung zu bringen, vor dem Date mit Adrian. Auf der Fahrt fiel mir ein, dass ich das Geld für Caspars Klassenreise (in unserem Stadtteil fliegen! Kinder auf Klassenreise!) noch überweisen muss. Davon abgesehen brauche ich einen neuen Staubsauger. Seit meiner Trennung leihe ich jedes Mal, wenn ich saugen will, den Staubsauger meiner Nachbarin, und verschiebe den Kauf ständig auf den Folgemonat. Momentan ist Lisa jedoch verreist. Aber macht ein Wohnzimmerteppich voller Pizzakrümel nicht einen noch schlechteren Eindruck als kein neues Kleid? Für den Gärtner sind eh alle meine Kleider neu. Also kein Kleid. Andererseits: Wir treffen uns ohnehin in einer Kneipe. Wer sagt, dass er überhaupt danach noch mit zu mir kommt? Und dann auch noch nach Krümeln auf dem Teppich fahndet? Eben. Thema Staubsauger: vertagt. Bleibt nur noch Luxuskosmetik. »Sinnlosestes Produkt aller Zeiten«, sagte einst eine Kollegin aus dem Bereich Beauty, mit der ich als Redakteurin eines Hochglanzmagazins ein Büro teilte. Nach der millionsten Zeile über Hyaluronsäure warf sie einen Cremetiegel von Goutal aus dem fünften Stock am Arabellapark und wurde gefeuert. Das Zeug stank wirklich wie die Pest.

Während ich also im Bus saß und über die essenziellen Fragen des Lebens nachdachte – Kleid , Staubsauer, ein edler Duft oder lieber gar kein Sex –, rief Sebastian an. Der Vater meiner Kinder. Ich drückte ihn weg, und schrieb:

Kann nicht tel., bin im Taxi. Was ist denn?

(Ich hatte echt keine Lust, mich während meiner mentalen Vorbereitung auf mein Date am Abend stören zu lassen, schon gar nicht von meinem Ex!)

Sebastian: Wieso fährst Du Taxi? Hast wohl zu viel Geld! Bens Schienbeinschoner fehlen. Nicht, dass ich eine perfekt gepackte Wochenendtasche der Kinder erwartet hätte. Aber es wäre ja auch einfach zu schön, wenn EINMAL nichts fehlt. Ob ich diesen Tag noch erleben darf …?

Ich: Leck mich. Kauf ihm einfach neue …

Sebastian: Jaja, das ist Deine Philosophie. Immer schön vulgär sein. Und immer alles neu kaufen. Das kann man gut sagen, wenn man selbst kaum Geld verdient … Ich hol die Schienbeinschoner morgen früh bei Dir raus!

(Gott bewahre, nein! Dann stolpert mein Ex am Ende noch über meinen neuen Lover, während die Kinder im Auto vor der

Tür stehen! Selbst wenn dieser nicht mehr da sein sollte oder doch gar nicht mein Lover geworden ist bis zum nächsten Tag, wird mein Ex die Reste des Abends kommentieren. Ich möchte auf keinen Fall, dass er meine Wohnung betritt, weil er immer etwas findet, was er kommentiert.)

Ich: Nein bitte nicht! Ich hänge den Turnbeutel mit den Schienbeinschonern nachher an Deine Tür.

(Lieber fahre ich den Umweg von zehn Kilometern, als dass er bei mir vorbeikommt!)

Sebastian: Schlimm, wie Du Dir mit deiner Desorganisiertheit das Leben schwermachst. Diese Umwege, dieser Zeit- und Energieverbrauch ...

Ach, halt die Klappe, Sebastian.

Manchmal pöble ich noch hinter ihm her, weil sein Oberlehrerton mich echt aggro macht. Soll er seiner neuen Freundin das Leben erklären, ich bin jedenfalls runter von seiner persönlichen Schulbank.

Ich: Erklär Chop Suey das Leben. Belehrungen an mich: falscher Adressat.

(Sie ist Halb-Chinesin, daher der Spitzname.)

Sebastian: Im Gegensatz zu Dir übrigens eine sehr disziplinierte Frau, der Du in keiner Hinsicht das Wasser reichen kannst. Aber Deine primitiven Beschimpfungen sind wohl als Eifersucht zu verstehen.

Was für ein Glück er hat. Eine disziplinierte Frau. Für diesen Tag reichte es an Austausch mit Sebastian. Niemand wird mir je das Prädikat »Disziplin« verleihen. Das wird mir beim Anblick meiner Küche nach Abenden wie diesem klar.

11.10 Uhr

Auf dem Küchentisch stehen zwei leere Weinflaschen, im Aschenbecher liegt ein abgerauchter Spliff (wo hatten wir den um Himmels willen her?!), daneben eine leere Erdnussdose, Ränder von getoastetem Weißbrot mit Nutella – es sieht aus wie früher, wenn ungeübte Kiffer mitten in der Nacht im Fressflash »Arme Ritter«, Waffeln mit Waffelteig und sonstige Perversionen in Mamis Küche produzierten: in Ermangelung vernünftiger Schokoladenreserven oder des Wissens um das aktuelle Geheimversteck. Es sieht aus wie die Überreste einer Teenieparty.

Ich stelle den Wasserkocher an, fülle zehn Messlöffel Kaffeepulver in meine Stempelkanne. Die Krönung des morgendlichen Stilllebens sehe ich erst, als ich zwei Kaffeebecher aus dem obersten Regalfach hole: Im Kristalllüster meiner Großmutter, den Sebastian etwas schief über dem Eichentisch angebracht hat, baumelt zwischen Luftschlangen von Bens viertem Geburtstag und Spinnweben etwas, was dort nicht hingehört. Ich hatte es kurz vor meiner Trennung im Sale bei Passionata gekauft. Vielleicht in der Hoffnung, das Ruder mit Sebastian noch mal rumzureißen. Doch dazu kam es nicht. Nun hängt es dort oben: ein nachtblaues, durchsichtiges Seidenneglígé, ungetragen. Preisfrage: Wie kam das Teil in den Leuchter? Aus der verklemmten Schublade meiner antiken Kommode, die ich schon nüchtern nicht mehr aufbekomme? Darin liegen nur ungetragene Wäsche, Seidenhalstücher in merkwürdigen Farben und halterlose, original verpackte Spitzenstrümpfe, die meine Mutter mir vor mehr als 15 Jahren geschenkt hat. Der Mann, für den sie gedacht waren, war nach »dreimal ist keinmal« nicht mehr verfügbar. Die Klamotten aus der Schublade haben noch nichts erlebt, noch nicht einmal die übertrieben nuttigen Strümpfe.

11.20 Uhr

Hugos Eltern joggen draußen vorbei, sie sehen mich in die Bettdecke gehüllt am Fenster stehen, grüßen flüchtig und rennen weiter. Hugos Mutter trägt pinke, enge Gymnastikhosen und ist so dünn, dass man das Thigh Gap zwischen ihren Oberschenkeln sieht, was bei jungen Mädchen als megaangesagt gilt, bei Frauen Ü40 jedoch kränklich wirkt. Aber so ist es an der Elbe – die Frauen der Reichen haben drei wichtige Eigenschaften: Sie sind dünn, diskret und diszipliniert. Ich habe keine davon.

Ich sage nur: Willkommen in der grünen Großbürgerhölle! Sie leben citynah, auf parkartigen Grundstücken zwischen Villen aus dem letzten Jahrhundert, die aussehen wie die Filmkulissen bei den Buddenbrooks. Und auch sie sind gewissermaßen Thomas-Mann-Figuren – in den aktuellen gesellschaftlichen Kontext gesetzt. Erstaunlich unglamourös für das, was sie an Reichtum besitzen. Doch der Hanseat als solcher gibt nun mal ungern an. Zu den wichtigsten Codes der Reichen von der

Elbe gehört ihre Uniform. Was vor 20 Jahren Barbour-Jacke und wahlweise weinrote oder beige Cordhosen, Lambswoolpullover mit V-Ausschnitt besorgten, ist heute Chinohose und der pastellfarbene Kaschmirpulli. Nur die Barbour-Jacke durfte bleiben. Ja, selbst die Superreichen tragen gerne Turnschuhe, solange sie unter 60 sind und die Schuhe nicht unter 150 Euro kosten. Für Jeans werden gerne ein paar Hunderter lockergemacht, als Ex-Redakteurin eines Hochglanzmagazins sehe ich natürlich den Unterschied zwischen Levi's, Armanis oder True Religions. Die feine Dame von der Elbe, auch Elblette genannt, trägt kaum Make-up, nur Mascara und etwas Lipgloss, blonden oder brünetten Bob oder Pferdeschwanz. Fashionmäßig bleibt sie weit hinter dem europäischen Standard urbaner, modischer Frauen mittleren Alters zurück, mit der Münchnerin kann sie keinesfalls mithalten. Sie mag gerne beige Perlenstecker im Ohr; Hermès-Tücher kommen bei ihr niemals aus der Mode. Nur abends, in Eppendorfer Szenebars (an der Elbe gibt es keine Szenebars), wenn sie ohne Gatte und Clan vor die Tür geht, holt sie Schminke, Highheels und enge Kleider aus dem Schrank – und sieht mitunter umwerfend aus.

Ihren Status markiert die Elblette mit Designertaschen (immer wieder gerne genommen: Kelly Bag), schwarzem oder wahlweise schlammfarbenem SUV und dieser lässigen Upper-Class-Art, die sich durch Ignoranz, Distanziertheit und Statements wie diesem auszeichnet: »Also, wir wollten, dass unsere Kinder von der Pike auf Englisch lernen, deswegen gehen sie auf die *International School.*« Kostenpunkt: ab 2000 Euro Schulgeld pro Monat aufwärts, je nach Einkommen. Die Wahrheit dahinter ist: Reiche, deren Kinder nicht gut genug fürs staatliche Gymnasium sind, geben ihre Sprösslinge gerne dorthin. Die

Ausbildung in der *International School* ist mitnichten besser als die auf den vielen umliegenden staatlichen Gymnasien.

Die oberste Elbletten-Regel: Klappe halten. Je reicher sie sind, desto wahrscheinlicher ist es, dass sie bei ihren Männern bleiben, egal, wie schlimm die Ehe auch sein mag. Denn nach der Scheidung können nur wenige ihren Standard halten. In den Elbvororten verhält es sich, ähnlich wie in deutschen Dörfern, auf dem Land, und in allen bürgerlichen Stadtteilen Deutschlands, wo jeder jeden kennt. Die Elbvororte sind nicht mit gentrifizierten, glamourösen Szenevierteln der Großstädte vergleichbar (Berlin Prenzlauer Berg, München Glockenbachviertel, Hamburg Eppendorf), wo Scheidungen, Trennungen oder Alleinerziehende alltäglich sind und mehr als jede zweite Ehe geschieden wird. Auf der Schule meines Sohnes tragen zwölfjährige Mädchen Woolrich-Jacken und UGG Boots, wir sind dort jeweils eines von insgesamt zwei getrennten Elternpaaren. Der Rest ist noch zusammen.

Auch Unverbindlichkeit ist Gesetz an der Elbe; so kommt es durchaus vor, dass Mütter jahrelang Seite an Seite am Spielfeldrand stehen und ihre Sprösslinge beim Fußball anfeuern. Ohne sich je nach Beruf oder Familiennamen zu fragen. Man erfährt Nachnamen eher zufällig auf Klassenlisten oder in Eltern-Chats (und bemerkt nebenbei, dass man mit den berühmtesten deutschen Kaffee- oder Schuh-Erbinnen per Du ist und auf dem Fußballplatz zufällig mit Millionärinnen chillt). Es ist das Gegenteil von Süddeutschland, wo Leute sich selbst als »Frau Doktor Schmidt« oder »Herr Rechtsanwalt Müller« vorstellen – an der Elbe undenkbar. Die Dünkelhaftigkeit an der Elbe ist nicht transparent, aber eklatant, ja Westen ist nicht gleich Westen: Ich habe gelernt, dass etwa Schenefeld, Lurup oder

Osdorf, die zweite Reihe hinter der Elbe »gar nicht gehen« und als »worst west« bezeichnet werden. Dann gibt es auch noch »wild west« (von Ottensen bis runter nach St. Pauli am Elbufer entlang), wo die Stadt weniger grün, aber dafür 100 Jahre moderner wird. Und wir hier sind im so genannten »best west«. Sogar innerhalb einer einzigen Straße kennt der Hamburger Down-grades. (»Wohnst du Ise- oder- Miese-Straße?«) Die ältere Generation legt Wert auf Stammbaum, altes Vermögen und lokale Bedeutung der Familien – wie bei der Pferdezucht –, ehe sie ihre flüggen Sprösslinge freiwillig zur Vermehrung freigeben. Verarmter Adel ist dabei immer noch höher im Kurs als bürgerliche Berufe; prolliges Neureichtum (Gucci-Prolls) wird nicht goutiert, Familien aus sozial prekären Stadtteilen vermischen sich so gut wie nie mit Menschen von der Elbe.

Auf Schulveranstaltungen klopfen Eltern sich gegenseitig auf geografische Wurzeln ab. »Ach so, Ihre Familie kommt aus den Walddörfern ...«, was zwar gerade noch okay ist, doch im Vergleich zum Westen absolut zweitklassig. Wer aus dem Süden jenseits der Elbbrücken kommt, ist einfach ein Bauer. (Zitat meiner Freundin Claire: »Also ich kann nicht mit einem, der WL oder PI als Autokennzeichen hat.«). Ist jemand weit außerhalb des Monopoly-Feldes der Hamburger Stadtbezirke aufgewachsen, wie ich in Süddeutschland, so ist er zwar nicht offensichtlich asozial, aber schon suspekt. Weil schlecht einzuordnen. Auf meine Kindheit in Süddeutschland angesprochen, sage ich meist: »Ich musste immer zusehen, dass ich vor der Haustür nicht auf Kuhfladen ausrutschte.«

Die oberen Zehntausend von der Elbe sind, anders als der Inner Circle an der Alster, undurchdringbar. Kein Klatschreporter hat je Einblick in die Villen an der Elbe bekommen. Keiner weiß, was bei Herzens, den Reemtsmas oder den Fielmanns zu Hause los ist, was den Münchner Klatschreporter Michael Graeter einmal zum Statement verleitete, die Hamburger Society sei »gähnend langweilig«. Natürlich hat er ein bisschen Recht. Andererseits liegt es auch daran, dass keiner ihn je reingelassen hat. Denn das Liebesleben der Menschen an der Elbe findet hinter verschlossenen Türen statt. *Rossini* – oder die mörderische Frage, wer mit wem schlief hätte nicht in Hamburg stattfinden können.

Sebastian sagte immer, schon den Kindern zuliebe solle man sich benehmen, im Hamburger Westen. Wenn ich zum Beispiel mit den »Partymädels« von früher auf Tour gehe – der Horde »Irrer«, die nur in Gruppen auftreten, die es teils, obwohl längst Ü40, weder zu einem Ehemann noch zu Kindern gebracht hätten, ja manche noch nicht einmal zu einem Beruf. Einem Beruf, den man seiner Meinung nach versteht. Für Sebastian sind Sachen jenseits von Jura, Medizin oder Fernsehkoch unverständlich. Wenn ich also mit den Mädels von früher auf Tour gehe, dann doch bitte in der City. Und nicht in seinem Revier. Wo man uns kennt. Aber wer kennt uns denn?

Aufgrund besagter Vornehmheit ist quasi niemand hier prominent, außer vielleicht Frank Otto mit seiner *Dschungelcamp*-Frau. Niemand kann sich öffentlich blamieren. Ja, selbst die Dönhoffs könnten nackt im *Louis C. Jakob* auf dem Tisch tanzen – solange Herr Graeter nicht am Nebentisch diniert. Niemand würde sie verraten. Außer Claire, meine perfekt geshapte Nachbarin von der guten Seite der Elbchaussee. Sie empfindet ihre Trennung vor allem deshalb als Drama, weil sie all das verloren hat: Schwimmbad, Sauna, Whirlpool, Bulthaup-Küche, Kamin, Bentley und den Masseur, der einmal die Woche längs kam. Ihr Mann hat sie mitsamt Masseur vor die Tür gesetzt, die Affäre war dann natürlich auch zu Ende.

11.30 Uhr

»Guten Morgen«, ruft eine rauchige, übertrieben gut gelaunte Frauenstimme durchs offene Wohnzimmerfenster. »Bröööötchen!« Claire! Die hat mir jetzt gerade noch gefehlt. »Moooin«, ruft der Mann vom Baum; ich deute ihm an, die Klappe zu halten.

»Hast du Besuch, oder was?«, flötet Claire und: »Du bist doch sonst nicht so unentspannt.«

Ich will nicht, dass Claire den Gärtner sieht. Oder er sie. Sonst wird das ein Riesenthema, auch in der nächsten Damenrunde. Eine Art Feldforschungsprojekt, welches von allen seziert und analysiert wird. Zu spät. Spätestens Montagmorgen wird es bei den »Koalabären« rum sein. Im Zweifel hat Felicitas Wassmann allerhand Gehässigkeiten auf Lager: »Privat-Bordell an der Elbchaussee eröffnet«.

»Komm doch bitte später wieder, Claire, ich stehe gerade auf …«

»Ciao, Adrian!«, ruft sie, extralaut. Ich höre, wie ihre Stöckelschuhe sich auf der Holztreppe klackend entfernen. Claires Eltern sind Schweden, ihr Temperament ist italienisch, sie erzählt wirklich allen alles, vor allem, wenn sie betrunken ist. Bei mancher Ex-Frau macht die Komplettverbannung durch den Ex aus dem Hamburger Westen wirklich Sinn.

Seit meiner Trennung und meinem Umzug auf die schlechte Seite der Elbchaussee ist mein Leben gewissermaßen auch das einer Wirtin mit Eckkneipe. Die Claires dieser Welt klingeln auch spätnachts bei mir, wenn noch Licht brennt. Gerade im Sommer, wenn ich bei Kerzenlicht mit einer Freundin auf dem Balkon im Erdgeschoss hocke. Den man eigentlich eher Beton-Ecke auf der Straßenkreuzung nennen sollte. Weil das tagsüber an Lautstärke nicht zu überbieten ist, sitze ich auch mitten in der Nacht dort herum und genieße die Stunde, in der keine Autos fahren. Claire kommt zu jeder Tages- und Nachtzeit. Ich mag späten Damenbesuch – es sei denn, ich habe Herrenbesuch, was sie allerdings wie gesagt auch nicht abhält, einfach hereinzuschneien. Ich wäre umgekehrt nie auf die Idee gekommen, unangekündigt Claires Masseur zu besichtigen.

11.45 Uhr

Der Gärtner muss raus, bevor der nächste ungebetene Zaungast auftaucht. Der Status »vielleicht One-Night-Stand« ist zu unsicher, um ihn irgendwem vorzustellen.

»Jetzt nicht in Zeitlupe trinken!«, sage ich, denn er nippt mit der Schnelligkeit einer Schildkröte an seinem Kaffee. Er ist cool. Ich sehe ihn an und scanne ihn ab: Nicht nur seine Ohren sind perfekt, seine Augen sind fucking türkis, er ist groß, also für mich die perfekte Größe, seine Nase ist griechisch, sein Haar dicht, fast schwarz, er wird fünf Jahre jünger sein als ich, allerhöchstens zehn. Ich schäme mich ein bisschen. Wie kann sich eine erwachsene Frau auf Männer aus dem Barbie-Koffer einlassen? Beziehungsweise: Habe ich ihn nicht sogar akquiriert? Was will »Ken« von mir, die ich keinesfalls Barbie bin? Tragen die Freundinnen, mit denen er sonst so ausgeht, Glitzersteinchen auf den Nägeln, Schmetterlingstattoos, Bärchenrucksäcke? Ach, was soll das, ich betreibe gedankliche Selbstsabotage. Als Garten- und Landschaftsbauer verdient er sogar mehr als ich. Er ist ein Supertyp, basta. Kein Arsch, der seinen Marktwert testen will. Aber was will er von mir? Einfach Sex? Gibt es das überhaupt – einfach Sex? Bekommt er den nicht eh überall, an jeder Straßenecke?

11.50 Uhr

Die Erinnerung an den Vorabend kommt langsam zurück. Gegen 4 Uhr morgens sagte er, es sei vernünftiger, jetzt ins Bett zu gehen. Ich sagte erstmal prophylaktisch Nein. »Ich geh doch nicht ins Bett. Doch nicht mit dir!« Ist so eingebaut. Erstmal ein bisschen zieren. Als wäre nicht genau das mein Plan gewesen. Mit ihm Sex zu haben. Was er natürlich auch weiß. Seit er mir den Teppich ins Auto getragen hat, war das mein Plan. Und seitdem ist er sich auch sicher, dass er einfach nur »Los« sagen muss.

»Wenn du mich nach Hause fährst, erzähle ich dir von gestern Abend«, sagt er und deutet mit dem Kopf in Richtung Kristalllüster, auf das baumelnde, nachtblaue Negligé. Hilfe. Er scheint zu wissen, dass ich einen Filmriss habe. Und dass mir das ein wenig peinlich ist. Die Idee, dass plötzlich mein Ex hereinplatzen könnte, mit den Kindern im Auto vor der Tür, weil doch wieder irgendwas in der Wochenendtasche fehlt, macht mich nervös. Nichts wie raus hier. »Deal«, sage ich und laufe ins Bad. Die Klamotten von gestern Abend liegen auf dem Badewannenrand.

Hat er mich etwa ausgezogen? Ich werfe getragene Kleidung immer direkt in den Wäschekorb. Apropos Wäschekorb: Neulich hatte Sebastian einfach den Deckel geöffnet, so wie er auch einfach Schränke und Schubladen öffnet, wenn er in meine Wohnung kommt. Was immer er dort zu finden hofft: »Oh, hier musst du aber dringend mal aufräumen. Wie sollen die Kinder denn so Ordnung lernen!«

»Sebastian«, sagte ich, »dies ist ein WÄSCHEKORB!«

»Ach so«, erwiderte er kleinlaut, fand aber sofort neue schlimme Stellen, die aufgeräumt werden mussten.

12 Uhr

Ich mache Katzenwäsche, Deo, Zähne im Kurzdurchlauf. Ich schlüpfe in meine Adidas-Jogginghose und streife ein frisches T-Shirt über. Unterwäsche lasse ich aus Zeitgründen weg. Wollmütze auf die rauchigen Haare und Minuten später stehe ich in Mantel und Sonnenbrille in der Türschwelle. »Schuhe an, wir fahren!« Ich spreche mit ihm wie mit meinen Kindern. Er lächelt und ist beeindruckt von meiner Schnelligkeit. »Gestern Abend warst du ja nicht mehr so schnell …« Er sieht meinen nervösen Blick und setzt hinzu: »Du kannst unbesorgt sein.«

Pff, unbesorgt. Klar mache ich mir Sorgen! Vor allem darüber, dass NICHTS passiert ist. Nicht einmal betrunkener Sex zwischen zwei erwachsenen Menschen, bei dem wir uns selbst nicht hätten zusehen wollen. Nach wochenlangem Vorspiel, der Show im Baum, den vielen Morgenkaffees, der Blamage vor den Kindern, der Sache mit dem Teppich. All das für nichts? Nichts wäre schlimmer, als dass NICHTS passiert wäre.

Ich erinnere mich dunkel, wie wir abwechselnd versuchten, die Weinflasche zu entkorken, die wir nachts noch von der Tanke geholt hatten: um ja NOCH betrunkener zu werden, als wir schon waren. Wie er einen Suppenlöffel aus einer Küchenschublade nahm, sich auf den Stuhl setzte, die Flasche zwischen seine Knie klemmte und den Korken mit der falschen Seite des Löffels eindrückte. Er schenkte mir Weißburgunder ins Glas.

»Na denn mal Prost …« Ich werde nie vergessen, wie er mich ansah, die Augenbraue leicht nach oben, als ich ihm erklärte, das sei ja jetzt ein richtig dummer Trick, ich wollte noch lange nicht ins Bett. Schon gar nicht mit ihm. Haha. Als hätte er mich zu irgendwas überredet. Doch unsere Party war gerade so schön. Er lachte und schüttelte den Kopf. Dann küsste er mich.

Bei dem Kuss sind meine Knie dann weggesackt. In dem Kuss war alles. Hingabe, Herzklopfen, Sinnlichkeit, Sex, Ohnmacht, irgendwie auch Liebe. Es war ein richtig guter Kuss. Die meisten Männer können ja nicht küssen. Manche haben Zungen wie Schnecken, die immer ihr Auge einziehen, sobald man dagegen kommt. Noch schlimmer: die Zahnfleisch-Masseure. Die »Ich schaffe es bis zu den Mandeln«-Küsser. Die »Meine Zunge ist hart wie eine Karotte«-Küsser. Und am allerschlimmsten sind die »Ich habe eigentlich gar keine Zunge«-Küsser. Wie machen die das? Rollen sie ihre Zunge ein? Das muss doch wehtun? Oder sind sie heimlich schwul, die Zungenverstecker? Dies war ein absolut kitschiger perfekter Hollywood-100-Punkte-Kuss. Er dauerte gefühlt ewig. Er hielt meinen Kopf in den Händen und zog mich auf seinen Schoß. Und dann? War dann die Nacht vorbei?

»Was war nach dem Kuss?«, frage ich ihn. Wer weiß, vielleicht war es auch besser so, wenn nichts passiert ist. Ich hab nicht vergessen, wie es früher war. Wilde Nächte, viel Spaß, viel Alkohol, noch mehr Spaß, und dann Sex. Und am nächsten Tag dann der Kater und das Fragezeichen: Ruft er an oder nicht? Und wird er erst so richtig interessant, wenn er nicht anruft? Es folgte die erste, leicht ausgerutschte, leicht übereilte SMS, ein Missverständnis, dem eine Beleidigung folgt. Oder eine freundliche Absage, die beim anderen zu Stress führte, damit man nur

ja der Erste war, der klargestellt hat: War nichts Ernstes, sorry! Auch blöd: Einer ist verliebt, der andere nicht, einer voller Sehnsucht, der andere hat Fluchtinstinkte. Irgendwer hat immer ein gebrochenes Herz. Im Zweifel die Ehefrau, die plötzlich auftaucht, die er nur zu erwähnen vergaß. Sex macht nichts als Komplikationen. Also, auch gut, wenn wir keinen hatten. Dann nicht. So nötig hab ich's auch nicht. (Leider gelogen.)
Ich bin erwachsen. Ich will eh nicht mit Barbie-Männern ins Bett, die jünger sind und in Bäumen hängen. (Wieder gelogen.)
Ich trage Verantwortung. Für mich und mein Seelenheil, woran am Ende auch das der Kinder hängt. Happy Mama, happy kids. Ich will ein Leben ohne Liebeskummer, ohne Komplikationen. Keine ungewollten Schwangerschaften, keine Männersocken, die ich später mal waschen muss. Von einem Mann, der rein perspektivisch allenfalls ein dritter Sohn bei mir zu Hause wäre. Weg mit dir, geh schnell nach Hause, Mann mit den türkisfarbenen Augen.

12.15 Uhr

Ich schiebe ihn raus, vor die Haustür, stakse in viel zu hohen Lederstiefeln hinter ihm her, Lederstiefel zu Jogginghose – auweia, was, wenn mich so jemand sieht –, bitte ihn aufzupassen, weil es so glatt geworden ist. Ich ziehe die Haustür hinter mir zu und fühle seine Hand in meinem Nacken. Das Hupen der Frachter klingt an diesem eisigen Samstagmorgen vom Hafen hoch über die Elbchaussee. Meine Stiefel sind viel zu hoch, aber ich will nicht klein sein neben ihm. Nicht mal zum Abschied. Und dann falle ich. Mitten auf den Bürgersteig, auf den Bauch. Platsch, da liege ich, wie früher, wenn ich auf dem Heimweg den Berg hoch nach Hause in den Schnee fiel und dachte: »Gott hat mich fallen lassen, zur Strafe. Denn der liebe Gott sieht alles«, während ich die gemopste Camel meines Vaters rauchte, ohne zu inhalieren, sondern nur, um cool zu sein.

Ich fluche, mein Knie tut weh, der Gärtner zieht mich hoch, er lacht nicht. Er nimmt mich in den Arm und bedauert, dass er mich nicht aufgefangen hat. Auffangen, wie romantisch. »Du kannst mich eh nicht auffangen!«, sage ich. Als könnte er mich auffangen. Kurz vor der Autobahnauffahrt bitte ich ihn, das Geheimnis wie versprochen zu lüften. Die Erinnerungslücke nach dem Kuss. Sonst würde ich ihn an der Tanke rauslassen. Dann kann er sehen, wie er heimkommt. Samstagmittag auf der Autobahn. Er bekommt wirklich Schiss. »Dein Ernst?«, fragt er. Ich sehe ihn an, so böse ich kann. »Absolut«, sage ich. Und dann redet er:

»Du hast dich ausgezogen. Du wolltest, dass ich dein nachtblaues Nachthemd aus der Schublade hole. Diese scheiß Schublade klemmt elendig, war kaum aufzukriegen. Aber du wolltest das unbedingt. Du wolltest nicht von dem Plan ablassen, das anzuziehen. Du hast gesagt: Ich will das für dich anziehen … Ich fand das ja ganz süß von dir, dass du dich für mich noch umziehen wolltest … aber du warst halt eh schon nackt. Also in Unterwäsche …« Er grinst. Ich weiß, dass er die Wahrheit sagt. Ich an seiner Stelle hätte sehr laut losgeprustet. Er erzählt weiter: »Und dann lagst du plötzlich im Bett und hast gesagt, es sei jetzt auch alles egal, du musst jetzt schlafen. Und zwar sofort.« Ich wiederhole: »Ich war nackt. Und wollte schlafen … Und was hast du dann gesagt? Hast du mir zugestimmt, dass es besser ist zu schlafen?«

Was für eine Schlappe. So ein Kerl im Bett und ich war zu müde, um Sex mit ihm zu haben? Ich sehe ihn von der Seite an. Wahnsinnig sexy Grübchen. »Tja. Du hast den Sex deines Lebens verpennt«, sagt er. Er weiß, was er da gesagt hat.

Ich setze ihn im Norden der Stadt ab, etwa 20 Meter vor seinem Haus, wo seine (frisch von ihm getrennte) Frau und seine Kinder wohnen. Er winkt zum Abschied. Frau und Kinder! »Auf niemals Wiedersehen!«, denke ich.

Als ich nach Hause komme, sehe ich seine Armbanduhr auf meinem Nachttisch liegen. Was für ein abgenutzter Trick. Irgendwas dazulassen, was man dann sehr dringend abholen muss. Mach ich auch immer. Kurz darauf klingelt das Telefon.

KAPITEL 3

GARFIELD, LENA LEHMANN UND ICH

Warum das Liebesleben in der zweiten Runde unser Wertesystem außer Kraft setzt. Und warum Frauen in dieser Hinsicht eben oft auch nur Männer sind.

Nach meiner wilden, sexlosen Nacht mit dem Gärtner ist mein Liebesleben eine kurze Zeit lang tatsächlich so, wie man es nach dem vorläufigen Happy End einer Serienstaffel kennt – was in der nächsten Folge dann aber auch schon wieder kippt. Das »Wort mit den drei Buchstaben« (Umschreibung getrennter Mütter, falls die Kinder mithören) findet immer und überall statt. Auf dem Herd, im Bagger, auf dem Acker, auf der Waschmaschine, auf dem Küchentisch und manchmal auch im Bett.

Obwohl die erotische Stimmung direkt vor unserem ersten Mal zunächst in den Keller sinkt. Es ist das »Ich hole meine Uhr ab und komme dann nie wieder«-Treffen. Genau deshalb kommen wir auch direkt zur Sache. Es gilt, keine Zeit zu verlieren. Wir stehen in der Küche, knutschen, er zieht mir das T-Shirt über den Kopf und macht, relativ gekonnt, mit einer Hand meinen BH auf. Diesmal fackeln wir nicht lange, kein Wein, keine Nutella-Toasts, kein Joint. Ich habe mir fest vorgenommen, das Ganze nüchtern zu erleben. Nicht, dass es wieder zum Filmriss kommt und ich mich tagelang fragen muss, was eigentlich vorgefallen ist. Mein BH fällt zu Boden, meine Brüste sind entblößt.

Ich stehe an die Spüle gelehnt vor ihm. Und dann passiert es. Er sieht voller Ehrfurcht auf meine nackten Brüste und sagt: »Alter Verwalter.« Genau genommen sagt er das im Hamburger Slang, also: »Alda Vawalda!« Ich denke schnell an meine Kinder. Wie reagiere ich, wenn sie etwas Unmögliches fragen? Oder tun. Etwas, was mich einen Moment lang so nachhaltig schockt und bei dem ich trotzdem nicht gleich losbrüllen will. Ich atme ein. Und wieder aus. Nicht lachen jetzt. Nicht aus dem Konzept fallen. Er meint das, mit hoher Wahrscheinlichkeit, nett und hat es nicht gesagt, weil meine Brüste irgendwie scheußlich sind. Ich wiederhole: »Echt jetzt? Alter Verwalter?«

Er: »Kompliment. Verstehste? Kompliment …«

»Also so was wie: geile Titten oder gute Möpse?« Alter Verwalter. Ich bitte ihn, jetzt besser doch die mitgebrachte Weinflasche zu öffnen.

»Was ist denn los?«, fragt er.

»Ach nix«, sag ich. »Aber du kennst doch die ganzen Pflanzennamen. Lateinische Namen. Hast du doch neulich aufgezählt, diese ganzen tollen Worte. Kannst du … wenn wir … also wenn wir so was noch mal … dann lieber solche Vokabeln sagen? Und nicht noch mal Alter Verwalter …«

»Wie jetzt, du meinst, ich soll Populus balsamifera, Sambucus nigra …? Äh? Während wir … na ja … dabei sind?«

»Ja, warum nicht? Klingt doch melodischer …?«

Er sieht mich an, wie man eine Person ansieht, die sich gerade als psychisch labil oder sexuell abartig geoutet hat. »Hää-äh?«, macht er und tippt sich mit der Hand an die Stirn. Dann macht er den Vorschlag, dass wir noch mal anfangen. Er geht noch mal raus, klingelt, kommt wieder rein, wir fangen einfach noch mal von vorne an. Hat ja keine fünf Minuten gedauert, bis ich ausgezogen war, das wäre schon okay für ihn. »Ich hab's geahnt«, murmelt er. »Ich hab's geahnt. Entweder Latein oder besoffen. So normal funktioniert das nicht mit ihr …« Beim zweiten Mal mit nackten Brüsten verwendet er das lateinische Wort für Bockshornklee, Trigonella foenum-graecum. Auf die Frage, warum gerade das, hat er keine richtige Antwort. Fiel ihm gerade so ein. So wird unsere erste bewusste Nacht doch noch sehr schön.

Die Grobeinteilung in zwei Männertypen hat sich mal wieder bestätigt: Entweder sie wissen ihre Werkzeuge zu nutzen, oder sie können reden. Wenn einer beides kann, sind die Exklusivrechte auf ihn relativ schwer oder gar nicht zu erwerben. Die meisten Frauen haben nur eines von beidem zu Hause. Einen, der reden kann. Oder einen, der macht. Adrian ist ein Macher. Das stelle ich in den folgenden Monaten nicht nur einmal fest. Er kann mich mit einem Arm auf die Baggerschaufel heben und bringt mich ohne verbale Gebrauchsanleitung ins erotische Nirwana. Er kann irre gut küssen, riecht fantastisch, auch wenn er nicht frisch geduscht ist. Er macht die besten Kohlrouladen der Welt. Außerdem leimt er meine Küchenstühle, reinigt mein Auto und repariert meine Spüle.

Ganze vier Monate, zwei Wochen, plus/minus 20 Tage. So lange dauert meine Affäre mit dem Mann vom Baum. Plus/minus, damit meine ich die Zeit, in der es ein paarmal hin- und herging, bis es dann wirklich vorbei ist. Er ist acht Jahre jünger, 15 Zentimeter größer, 20 Kilometer entfernt, innerhalb der Stadtgrenze – und doch irgendwie vom anderen Planeten. Ich lerne, dass eine unterschiedliche Sozialisierung zwischen zwei Menschen enorme erotische Anziehungskraft entwickeln kann. So wie bei meiner Ex-Chefin, die einen LKW-Fahrer geheiratet hat.

Ich war gerade frisch verheiratet und Caspar zwei Jahre alt, als ich mit Lena Lehmann in der Redaktionskantine am Baumwall lunchte. Sie ist der intelligente Typ Schönheit, Julianne-Moore-mäßig, weiße Haut, Sommersprossen, rotes Haar. Es ging um das Briefing für eine Reportage über »Mord aus Liebe«. Lena wollte ganz genau wissen, was eine Frau dazu bewegt, ihren Mann zu töten. Sie erzählte von ihrem Noch-Gatten, einem Chefarzt im Altonaer Kinderkrankenhaus, der ständig Affären gehabt hatte. Nach 15 Jahren Ehe verließ sie ihn schließlich. »Ich habe mir das Herz herausgerissen«, sagte sie. Sie habe ihn rausgeworfen, obwohl sie ihn noch liebte. Sie wurde blass, als sie mir davon erzählte. Ich hatte einen Kloß im Hals. »Und? Bist du jetzt glücklicher?«, fragte ich Lena. Ich wusste nicht, wie ich reagieren sollte. Sie stand mir nicht nah genug, um sie in den Arm zu nehmen. Ich wollte sie aber auch nicht bedauern.

»Alles gut, neue, heiße Liebe.« Er sei LKW-Fahrer, sie habe ihn beim Elternabend aufgegabelt. »Mit ihm kann ich endlich so sein, wie ich wirklich bin«, sagte Lena.

»Jetzt komm mir bitte nicht mit diesen Psychotherapeutinnen-Phrasen, um dir den sozialen Abstieg schönzureden«, dachte ich. Wie war Lena Lehmann denn wirklich? Fuhren sie jetzt zu viert im Lastkraftwagen in den Urlaub, Lena und ihre beiden Kinder, die sonst eher den Robinson Club gewöhnt sind? Stürzten sie sich gemeinsam als neue Patchworkfamilie ins Abenteuer der Landstraße? Oder saß der Brummi den ganzen Sommer in Adiletten und Boxershorts in Lenas parkähnlichem Garten an der Elbe und rauchte Roth-Händle ohne, weil er in den Ferien zur Abwechslung lieber mal sesshaft war? Präsentierte sie ihn bei den legendären Grillpartys ihres Vorstandes? Oder war sie da jetzt gar nicht mehr eingeladen? Und was sagte ihr Ex-Chefarzt dazu? Oder hatte der auch nichts mehr zu melden, seit alle wussten, dass er während der Nachtschichten Assistenzärztinnen in unbelegten Krankenzimmern flachlegte? Lisa habe das weggewischt, sagt sie. Sie wirkte tatsächlich entspannt. Es gibt sie, diese Momente, da ist einem alles egal, was andere denken. Weil man endlich wieder so toll gevögelt wird und einfach die ganze Welt umarmen will.

Vier Monate, zwei Wochen, plus/minus 20 Tage. Nicht, dass wir uns wortlos verstehen, der Gärtner und ich. Wir sprechen durchaus über Dinge, die anstehen, was wir kochen oder ob er zum Abendessen kommt oder erst später, wenn die Kinder im Bett sind. Er sagt, wenn ihn etwas stört, wundert oder gefällt. Und er macht Witze, die ich manchmal nicht sofort verstehe, sondern erst einen Tag später. Oder gar nicht. Einmal steckt Adrians Kopf unter meiner Spüle fest. Er repariert den Abfluss des Waschbeckens, als er feststellt, dass ich eine ungewöhnlich umfangreiche Palette an Putzmitteln besitze, die da unten rumstehen. »Sag mal, benutzt du all die Putzmittel denn auch mal?« Die Antwort übernimmt Caspar an meiner Stelle: »Nein. Papa hat gesagt, Mama kann nicht putzen!« Schon klar. Aus Papas Perspektive kann Mama eh überhaupt nichts, außer vielleicht die Klappe so weit aufreißen, bis er die Kavallerie losschickt, die ich mit der Artillerie empfange. Und dann ist wieder Krieg.

Ich kann hervorragend putzen, ich komme halt nur selten dazu. Ich nehme meinen Sohn beiseite und schaue so streng ich kann. Alles kann man diesen Mini-Mes ihres Vaters ja wirklich nicht durchgehen lassen! »Hör mal gut zu, mein Freund. Ganz egal, was dein Vater sagt: Deine Mutter ist keine Putzfrau, sondern eine Königin. Ich kann super putzen, wenn ich will. Und wenn ihr meint, dass es irgendwie nicht sauber genug ist, bitte sehr. Alles steht bereit. Merk dir das für alle Zeiten!« Hab irgendwo auf einem Buchcover gelesen: »Jede Frau ist eine Königin.« Abwegig, irgendwie, aber wenn Kinder den Respekt vor ihrer Mutter verlieren, eignen sich solche Titel ja durchaus mal zum Rezitieren. Caspar schaut verdutzt. Das könne ja wohl nicht sein! Keine Krone, keine Pferdekutsche vor der Tür. Und wenn, dann wären er und sein Bruder ja die Prinzen. Und »der da«, er zeigt mit dem Finger auf den Mann, dessen Körper ab dem Bauch abwärts auf dem Rücken liegend unter der Spüle herausragt: »Wer soll der dann sein, wenn Papa der König ist?«

Adrian flucht vor sich hin, fluchen kann er wirklich in rhetorischer Perfektion: »Kleine Scheißer … diese verwöhnten kleinen Ärsche … nur Flausen in der Birne. Prinzen … das fass ich nicht … die haben ja überhaupt keine Ahnung. Was denken die überhaupt, wer sie sind …?«, worauf hin ich ihn abmahne, nicht in dieser Weise über meine Kinder zu sprechen. Dann widmet er sich wieder der Spüle. Als ich später einkaufen gehe, bittet Caspar mich, ihm neue Munition für seine Nerf-Plastikpumpgun mitzubringen, die fast so groß ist wie er selbst.

»Damit ich den da …« (er zeigt auf Adrians herausragende Beine) »… abknallen kann.« Ich bitte ihn, Adrian beim Namen zu nennen und ihn nicht permanent mit »der da« in der dritten Person zu benennen. Also, richtig rund läuft das nicht mit der Patchworkfamilie.

Als ich vom Einkaufen komme, hat Adrian die Jungs vor dem Disney Channel geparkt und steht mit Wischmopp und Schürze im Flur. Er sieht so wahnsinnig sexy aus. Er flüstert mir ins Ohr: »Den Preis für mich als Hausmann nenne ich dir später.«

»Was immer du willst«, sage ich allen Ernstes. Für die Anzahlung schließen wir uns im Badezimmer ein. Eigentlich hätte ich ihn bezahlen müssen. Er bringt sich in meinen Haushalt ein, überlegt ständig, wie er sich nützlich machen kann. Mein Herz öffnet sich, solange er da ist. Als alte Zweckpessimistin weiß ich: So wird es nicht bleiben. Vielleicht versuche ich deshalb, von vornherein auch die negativen Dinge zu sehen. Obwohl Adrian an Weihnachten mit traumwandlerischer Sicherheit die Playmobil-Planwagen der Kinder aufbaut, mit ihnen Kuhhandel spielt und sie Bagger fahren lässt – noch nicht mal, um sich bei mir einzuschleimen, sondern, weil ihm das selbst so großen Spaß macht, als der Junge, der er eben noch ist. Seinen Anti-Adrian-Trip setzt mein großer Sohn unter dem Weihnachtsbaum fort.

»Du kannst keine Cowboy-Wagen aufbauen. Nur Papa kann das«, schimpft er, woraufhin Ben seinem großen Bruder widerspricht: »Weißt du noch, letztes Weihnachten in unserer alten Wohnung hat Kathi unsere Ritterburg aufgebaut, weil Mama und Papa das nicht geschafft haben.« Wo er Recht hat. Katharinas Ehe wurde ein paar Wochen nach unserer gesprengt, sie wohnte ein Stockwerk über uns. Seitdem gehört sie auch zum Club der Getrennten von der Elbchaussee. Bei meinem ersten Versuch stürzte immer wieder die Brücke zwischen Burg und Graben ein, was Sebastian vor unseren Essensgästen kommentierte: »Was meine Frau auch anfasst, es stürzt ein, hahaha.« Er und sein Studienfreund lachten, als wäre es der beste Witz überhaupt. Die Freundin des Studienfreundes und ich lachten nicht. Sie nahm mich bei der Verabschiedung an der Haustür beiseite und fragte: »Ist das eigentlich eure Show, wie ihr miteinander sprecht? Oder macht der dich die ganze Zeit nieder?« Aber es war unser letztes Weihnachten als Paar.

Sebastian ist auch nicht unbedingt der Typ, der Billy-Regale oder Kinderbetten aufbauen kann, ohne sich mindestens ein Ohr zu brechen. Meistens fehlte irgendwas, woran ich dann schuld war, wer sonst. Wenn er seine Anklage wegen fehlender Schrauben oder Bretter raushaute, die ich in »meiner voll konzentrierten Kompetenz« wahrscheinlich bei Ikea oder irgendwo unterwegs verloren haben musste, war es stets wie ein rhetorischer Kugelhagel aus einer vollautomatischen Schusswaffe der US-Army. So baute Kathi in unserem letzten gemeinsamen Jahr nicht nur die Ritterburg auf, sondern schraubte auch Bens Buggy zusammen, Caspars Hochbett und den Küchentisch. Kathi sei Dank hatten die Kinder ein Bett, wir einen Essplatz in der Küche, und die Ritter konnten einziehen.

Mit Adrian habe ich zum ersten Mal einen Handwerker im Haus, der mich nicht dafür verachten kann, dass ich genauso bin wie er selbst. Meine Stühle werden geleimt, mein Spoiler poliert, meine Nerven massiert. Und Kritik höre ich abgesehen von der Sache mit den Putzmitteln kein einziges Mal. Er findet alles, was ich mache, toll und blickt voller ehrfürchtiger Bewunderung auf Druckerzeugnisse, wo mein Name druntersteht.

Und dann kommt einer dieser Abende, nach über vier Monaten, als ich mit Adrian im Stop-and-go-Modus bin. Eigentlich ist es schon vorbei, ich will es nur noch nicht wahrhaben. Ich habe Gäste. Die üblichen Verdächtigen breiten ihr desolates Liebesleben auf meinem Küchentisch aus. Alle sind im Ausnahmezustand. Hinter uns die Scherben noch nicht weggeräumt, vor uns dieser Weg, der ins Ungewisse führt.

Meine Künstler-Freundin Rike, auch frisch getrennt, mein Freund Carl, Auslandsreporter und Kriegsfotograf ebenfalls im Begriff, sich nach 20 Jahren Ehe zu trennen. Und Claire, dritter Gast am Tisch, arbeitet seit Jahren nicht, außer an ihrem Körper, stellt sich aber jedem als ehemalige Direktrice bei Jil Sander vor. Sie ist wie immer nicht eingeladen und trotzdem da. Ihre Kinder sind groß, ihre zweite Ehe kaputt, auch bei ihr ist alles im Ungewissen.

Als ich in der Runde von einer umwerfenden Nacht mit Adrian berichte, fällt mir auf: Ich erzähle solche Dinge immer erst, wenn es vorbei ist. Um es in Gedanken zu reanimieren. Rike sagt: »Genieß die Affäre im Hier und Jetzt. Du wirst noch lange daran denken …«

Rikes Psychotherapeutin hat ihr das geraten, nachdem sie sich jahrelang in einem Akt der Selbstzerfleischung, Trennung ja oder nein, befand. Seit dem Vollzug der Trennung hat sie sich selbst in Dauertherapie begeben.

All ihre Freunde kennen die Geschichte ihrer gescheiterten Ehe mit einem Weinbauern in Cassis, ein paar Kilometer hinter Marseille, in der Provence. Ziemlich viel Salz auf ihrer Haut. Doch das große Drama kam und kam nicht. Am Ende war es ihre Entscheidung, die Ehe zu beenden. Er hat sie nicht verstanden. Niemand hat sie verstanden. Denn ihr Drama von der großen inneren Leere ist selbst gemacht. Der Weinbauer, ein mit riesigen Weinbergen gesegneter Agrarökonom mit der Optik eines männlichen Boss-Models, hatte wie erwartet fünf Minuten, nachdem Rike ihre Koffer gepackt hatte, eine neue Verlobte, die wir an diesem Abend ausgiebig googeln und gemeinschaftlich zur optischen und mutmaßlich intellektuellen Null erklären. Unerheblich, ob es stimmt, es ist ein Akt der Loyalität Rike gegenüber. Diese Schlappe kann sie als Alphaweibchen, bildschön und begabt als Künstlerin, sonst schlecht verkraften.

Seit ihrer Trennung ist Rike promiskuitiv. Rike nennt es spirituelle Durchreise, ihre Seele müsse jetzt intergalaktische Sphären durchqueren, ehe sie irgendwann vielleicht dann doch im Hier und Jetzt landet. In Wahrheit ist sie aber auf Dauerakquise und will dringend sofort Kinder. Was naturgemäß auch zu Dauerliebesstress führt. Während Männer ihre Durchreisen gerne unverbindlich gestalten und erstmal nur eine Nacht buchen, wimmelt es bei Rike ausnahmslos von Zeichen von oben, die das Universum ihr schickt. So entsteht ein Dauergewitter in ihrem Kopf. Sie kann richtige von eingebildeten Blitzschlägen kaum noch unterscheiden. Bei ihr schlägt nämlich jedes Mal der Blitz ein, wenn sie mit einem einfach nur Sex hatte. Aber vielleicht inszeniert sie ihr Liebesdrama in Endlosschleife bloß, um sich über das Ende ihrer Ehe mit dem Franzosen hinwegzutrösten. Sie hatte so sehr gehofft, er würde um sie kämpfen. Hat er aber nicht. Das ist der Part, den Rike am wenigsten verkraftet hat. Dass er sie kampflos gehen ließ.

Typischer Anruf von Rike in letzter Zeit, am Morgen danach:

»Du, komisch, heute Morgen, als ich um 14 Uhr nach dem Aufwachen immer noch da war, habe ich ihm Rührei und Kaffee gemacht und vorgeschlagen, dass wir an die Ostsee fahren, bei dem Wetter. Ist ja schließlich Samstag! Dann wurde er auf einmal ganz komisch! Ich soll ihm erstmal Zeit geben, um sich zu sammeln.« Während sie das erzählt, hat sie meist schon diese Entrüstung in der Stimme und ist kurz vorm Heulen. »Kannst du dir das vorstellen, nach so einer intensiven Nacht? Es hat wie verrückt gefunkt zwischen uns ...« Das nächstkleinere Zeitpaket, das sie ihrer Neuakquise anbieten wollte, war ein Wellnesstag im Park Hyatt. (»Da könnten wir heimlich in der Saune vögeln ... hihi ...«) Und als er das auch nicht wollte, habe sie ihm vorgeschlagen, voll verrückt wie Teenies eine Runde über den Hamburger Dom zu bummeln und in der Geisterbahn zu chillen. Da sagte er, er fühle sich bereits wie in der Geisterbahn, sie solle lieber gehen, ehe er sich wirklich noch in Charles Manson verwandle ... »Fuck, weißt du, wer Charles Manson ist?« Und dann heult sie wirklich. Ziemlich witzig, meine ich. Worauf sie vorschlägt, mir seine Nummer zu geben. »Keine üble Idee«, denke ich, sag ich aber nicht.

Um sie zu beruhigen, erzähle ich ihr, dass ich von Adrian ebenfalls einen fetten Korb kassiert habe, als ich am Wochenende mit ihm an die Ostsee wollte. Aber da hatten wir auch schon ungefähr dreißigmal Sex. Und nicht einmal, so wie sie und der Geist von Charles Manson. Adrians Antwort »Also sooo gut kennen wir uns ja noch gar nicht, um ein ganzes Wochenende im Hotel zu verbringen« fand ich auch bedenklich, nachdem es keinen Quadratzentimeter meines Körpers mehr gab, den er noch nicht mit der Zunge berührt hatte. Ich schlage Rikes Vorschlag, deshalb eine Therapiestunde bei ihrer Therapeutin zu machen, dankend aus. Auch Carl findet das vollkommen unnötig.

»Ach komm. Nicht traurig sein, du bist eh nicht so richtig verliebt!«, sagt Carl zu mir, als ich zugebe, dass die Affäre mit Adrian sich offenbar dem Ende nähert.

Carl hat eine Gabe, um die ich ihn beneide: Er erfasst die Einordnung von zwischenmenschlichen Situationen, für die ich Monate brauche, innerhalb eines einzigen Abends. Er weiß sofort, ob jemand Affäre, One-Night-Stand, die große Liebe oder gar keinen Status in seinem Leben erlangt. Er bleibt immer höflich, überwirft sich nie mit einer Affäre. Er ist einer von zwei Männern in meinem Freundeskreis, der sich selbst als Feminist bezeichnet. Er lügt Frauen nie an und behandelt sie korrekt. Ohne dabei ein Weichei zu sein. Ein Macho ist Carl auch nicht wirklich, auch wenn er zu Faulheit im Haushalt neigt. Sein Freundeskreis besteht zu 80 Prozent aus weiblichen Menschen. Mich kennt er mit Abstand am längsten von allen, die heute hier sind.

»Ist sie wohl«, sagt Claire und zeigt ein Handyfoto von Adrian in der Runde herum, welches sie ungefragt aus seinem Facebook-Account runtergeladen hat. »Wie kann man denn da nicht verliebt sein!«

»Darf ich auch mal was sagen?«, frage ich, habe jedoch außer meinem voll automatisierten Widerspruchsmechanismus keine ernsthafte Meinung dazu. Bin ich verliebt? Bin ich es nicht? Warum bin ich trotzdem so traurig, wenn ich an ihn denke? Aber Rike, die sich inzwischen den Wortschatz einer Therapeutin angeeignet hat, hat eine: »Bei dir ist das ja so: Wenn

Adrian unangemeldet klingelt, machst du ihm nicht einmal die Tür auf und rufst mich panisch an, wo du dich jetzt verstecken sollst. Und wenn er nicht mehr anruft, ist er plötzlich der Mann deines Lebens. Das nennt sich Nähe-Distanz-Syndrom, kannst du gerne mal googeln. Ist beschissen heftig bei dir …«

»Nein, das nennt sich Schizophrenie«, sagt Carl. Weitere Zwischenrufe wie »undankbar«, »Bindungsangst« »unreif« »noch nicht bereit für was Neues« und »prestigeorientiert« fliegen durch die Luft. Wenn ich eines nicht bin, dann ist es das. Und dann gibt es Streit.

»Immer noch besser als dein Syndrom«, sage ich zu Carl, »nennt sich nämlich Ich-ficke-alles-was-Brüste-hat-Syndrom. Oder Claires Seine-HON-Card-macht-mich-scharf-Syndrom. Oder Rikes Das-Universum-lässt-Männer-auf-mich-regnen-und-jeder-ist-jede-Woche-der-Richtige-und-dann-jahrelang-der-Falsche-Syndrom.«

Dagegen fühle ich mich mit meinem läppischen Nähe-Distanz-Problem, welches ohnehin Großteile des Partnerschafts- und Arbeitsmarktes auf der ganzen Welt reguliert, so was von psychisch gesund. Ich verstecke mich schließlich nicht JEDES MAL, wenn er vorbeikommt, sondern nur, wenn ich nicht vorbereitet bin. Wenn er unverabredet vorbeikommt. Wenn ich aufräumen muss, mich aufgrund von Schlafmangel nicht frisch genug, zu nervös, zu fett, zu verantwortungslos oder zu schamlos, zu klebrig oder zu alt fühle. Oder vielleicht weil ich zur Abwechslung einfach mal etwas arbeiten muss.

Menschen, die zu Hause arbeiten, werden ja ohnehin nie richtig für voll genommen, Home-Office stellt sich für fest angestellte Büroleute immer so dar, als würde man zu Hause im Schlafanzug auf dem Sofa Pornos gucken und zwischendurch mal eine Mail an einen Redakteur verschicken, um zu sagen, dass eine Textabgabe sich verzögert. Stimmt ja auch. Das Problem ist aber: Wenn dann mal einer klingelt, mit dem der Porno Wirklichkeit zu werden droht, kriegt man auch sofort ein schlechtes Gewissen. Denn das dauert dann auch alles immer viel zu lange.

Von wegen Nähe-Distanz-Problem! Ich bin ja kein Puff an der Ecke, wo man tagsüber mal kurz zum Vögeln reinschneit und dann wieder gehen kann. Mit solchen Besuchen bin ich wirklich empfindlich. Die Zeit, bis die Kinder nach Hause kommen, ist schließlich meine Arbeitszeit, die ich nicht mit Hausfrauen-Sex-Fantasien mit Männern von der Baustelle ausleben kann. Pff, also nichts da mit Nähe-Distanz-Problem. Kritik nicht angenommen! Jeder hat ein Nähe-Distanz-Problem. Vor allem frisch getrennte Ehefrauen.

Tatsächlich hatte Adrians kurz in den Raum geworfene Idee, bei mir einzuziehen, Panik bei mir ausgelöst. Mir entfuhr ein reflexartiges: »Oh Gott, das geht nicht.« Auch wenn er vielleicht nur antesten wollte, woran er bei mir ist. Mein erster Gedanke war: Hilfe, mir reichen zwei Jungs, bitte nicht noch einer, für den ich waschen, kochen und womöglich mitdenken muss, guter Sex hin oder her. Ich habe das Einzige gesagt, was man in so einer Situation sagen kann, als denkender Mensch: »Lass uns doch erstmal abwarten.« Das passte ihm aber nicht. Seine Frau habe ihn rausgeworfen, also sei es meine Aufgabe, ihn zu retten. Oder vor allem wahrscheinlich: ihn auch unbedingt dringend retten zu wollen. Ich will aber keine Retterin sein. Ich will selbst gerettet werden.

Und wo hätte er wohnen sollen? Im Wandschrank? Ben, der noch viele Nächte bei mir im Bett verbringt, kann ich unmöglich wegen eines fremden Mannes von meiner Seite verbannen. Will ich auch nicht. Wir – Ben zu meiner rechten, Caspar zu meiner linken – liegen ziemlich oft zu dritt in meinem Doppelbett. Das war der erste Sargnagel.

»Und bringst du Adrian mit zu meiner Vernissage?«, fragt Rike, die ihre Kunstfotografien inzwischen in der bekanntesten Galerie Hamburgs ausstellt.

Ich weiß nicht, ob er mit mir überhaupt noch irgendwo hingeht.

»Ohhh, sehe ich da etwa ein Zögern?«, feixt sie.

Ich denke an all die Lackaffen an der Alster. Und an die Sache mit dem »Deutschen Buchpreis«. Auf der Buchpräsentation eines Kollegen, der gerade seinen zweiten Roman veröffentlicht hatte, fragte Adrian den Autor, ob er den »Deutschen Buchpreis« für sein Werk bekäme. Bei der ersten Satzhälfte lächelte der Betroffene, ziemlich geschmeichelt. Dann, mit kurzer Verzögerung, die zweite Hälfte der Frage: »... liegt zurzeit bei 20 Euro oder so was, richtig?« Es dauerte so ein, zwei Sekunden, bis mein Ex-Kollege rot anlief und losprustete. »Geiler Joke. Nee, echt jetzt, du bist ja echt richtig witzig! Richtig, richtig witzig ...« Zum Abschied flüsterte er in mein Ohr: »Na ja, nicht die hellste Kerze auf der Torte, aber ich verstehe dich trotzdem ...«

»Du hast es nicht verstanden«, zischte ich. »Es war ein WITZ!« Ich bin mir allerdings nicht sicher, ob ich damit richtiglag.

Während er sich fragen wird, wer Cindy Sherman, Rankin oder Anton Corbijn ist, könnte er zwar genauso gut fragen: »Und weißt du, was Sambucus canadensis ist (Holunder) oder eine Mespilus germanica (Deutsche Mispel)?« Tut er aber nicht, weil das Halbwissen der Schwätzer ihn verunsichert. Worte sind eben nicht sein Instrument. Es täte mir leid, wenn er sich unwohl fühlt, nur weil ich ihn in eine blöde Situation bringe.

Wir diskutieren mal wieder bis ins Morgengrauen, wer in wen verliebt ist und warum, jedoch ohne auf einen gemeinsamen Nenner zu kommen. Ich bin mir nicht sicher, wie ich die Sache mit dem Gärtner handeln soll. Ist es eine Affäre? Oder doch mehr? Und: Habe ich überhaupt eine Wahl?

Als ich meiner Schwester am nächsten Tag am Telefon vom »Mann im Baum« berichte, fragt sie: »Weißt du noch ... Garfield?« Und wie ich das weiß. Wir lachen uns halb tot. Mit etwa 15 stellte meine Schwester bei einer Gartenparty bei uns zu Hause ihren ersten Freund vor. Er war gerade im Begriff, die Schule zu verlassen, um eine Lehre zum Feinmechaniker zu absolvieren. Wir diskutierten über die schlimmen Verbrechen des libyschen Diktators Gaddafi, da fragte ihr neuer Freund: »Von wem sprecht ihr denn jetzt, von Garfield oder wem?« Seitdem hieß ihr Freund bei uns Garfield. Ich wollte schon damals auf keinen Fall mit einem Jungen gehen, der Garfield mit Gaddafi verwechselte. »Hauptsache, mir passiert das nie«, dachte ich. Meine Schwester ist cooler als ich und hat immer Recht. Wobei die Perspektive glücklich Verheirateter immer auch ein bisschen die des Seglers an Land ist. Dabei lebt sie nicht wie ich in einer Millionenmetropole, sondern in einer Kleinstadt an der französischen Grenze.

Diese Zeit, in der »jeder jeden lieben« darf, ist trotzdem auch eine Zeit, in der eher ein Transgender mit grünem Haar und Augenbrauenpiercing an meiner Seite akzeptiert werden würde als ein Mann, der unübersehbar ein Mann ist. Der tagsüber in Bäumen hängt und den Deutschen Buchpreis für eine einheitliche Preisfestlegung aller deutschen Bücher hält. Oder so tut, als dächte er das, und das für einen sehr witzigen Witz hält.

Als Adrian und ich in jener Nacht nach der Buchpräsentation nach Hause kamen, fragte ich ihn zum ersten Mal, was er so gelesen hat. Weil es einfach zum Thema passte. Nicht, weil ich den obligatorischen Bildungskatalog abhaken wollte. Er überlegte. Zwei, drei Bücher werden es wohl gewesen sein, sagte er. Er könne sich jedoch nicht an jeden einzelnen Titel erinnern. »Wie bitte? Von drei Büchern, die du im Leben gelesen hast, erinnerst du dich also nicht an EINEN Titel?«, fragte ich ungläubig. Er fuhr dann weg, in dieser Nacht. Das war, wahrscheinlich, der zweite Sargnagel.

Meine Versuche, ihn zurückzuholen, blieben unbeantwortet. Auch morgens um 3: »Aber ich mag dich trotzdem, egal, was du gelesen hast.« Doch ich bin auch nicht sicher, ob das Gehen in dieser Nacht nicht eher ein Vorwand war, weil er sowieso hatte gehen wollen, ehe es ernster mit uns wurde, und nur nicht wusste, wie er es sagen sollte. Weil sagen eben nicht so seine Stärke war.

Über meine Schwächen konnten wir jedenfalls jederzeit lachen, er und ich. Wie ich den Playmobil-Zoo falsch herum aufgebaut habe, über die Spinnweben in meinem Leuchter, meinen Bauchklatscher auf dem Bürgersteig nach unserer ersten Nacht (in der nichts passiert ist) oder die hässlichste Benjamin-Blümchen-Geburtstagstorte, die die Welt je gesehen hat. Ich weiß bis heute nicht, warum die Stimmung so jäh gekippt ist. Wenn man sie einmal bloßstellt – wohlgemerkt: EINMAL! Ist ein Mann dann echt für alle Zeit entehrt? Oder habe ich das, unbemerkt, viel öfter getan?

Vor allem heterosexuelle Zweierbeziehungen stecken ja immer noch in archaischen Weltbildern fest. Wie muss ein Mann sein, wie eine Frau? Und vor allem: Was darf Frau (sagen)? Darf eine Frau überhaupt jemals ihre Überlegenheit artikulieren? Es gibt Tausende von Geschlechterklischees, die in unseren Köpfen herum wabern. Der Mann muss älter sein, soll mehr verdienen, sein Status darf durchaus etwas höher sein, sein Appartement etwas schicker und sein Auto etwas teurer. Nach Möglichkeit sollte er ein bisschen mehr wissen und physisch stärker sein. Die Frau soll etwas jünger, schlanker und hübscher sein. Und wenn sie beruflich wegen der Kinderaufzucht ausfällt, soll der Mann den Ernährer geben. Dabei ist der Homo sapiens seit dem aufrechten Gang moderner als so mancher Haushalt in meiner Nachbarschaft an der Elbchaussee.

Schon die Überlieferung, dass Geschlechterrollen in der Steinzeit festgelegt wurden, ist erwiesenermaßen unkorrekt. Es war eben **nicht** der Mann, der das Wild erlegte und nach Hause brachte; es war **nicht** der Mann, der sich in der freien Wildbahn an anderen, noch ungebundenen Weibchen erfreuen durfte, solange diese noch nicht anderweitig in Höhlen als Eigentum anderer Steinzeittypen mit der Aufzucht des Nachwuchses beschäftigt waren. Diese Steinzeittheorie dient lediglich als Rechtfertigung des Verhaltens schlechter Ehemänner von heute nach der Paarungszeit.

Und sie entbehrt jedweder wissenschaftlichen Grundlage. Seit Gräber von Neandertalerinnen mit Jagdinstrumenten und Männern mit Schmuck gefunden wurden, wissen wir: Fred und Wilma Feuerstein sind fatale Lügengeschöpfe, die in unverantwortlicher Weise schon Kinder mit verdrehten, vermeintlich biologisch natürlich konzipierten Aufgaben der Geschlechter konfrontieren. Es ist ein Phänomen der 50er-Jahre, als die Urzeit für die natürliche Anordnung der Geschlechterrollen zuständig gemacht wurde, die den Hausfrauen die Höhle und Männern die Jagd zuordnete. Alles falsch. Auch Frauen gingen auf die Jagd und sammelten Beeren. Auch Männer kümmerten sich um den Nachwuchs. Die Menschen jagten gemeinsam und sorgten auch gemeinsam für die Kinder.

Obwohl Frauen bereits in den 40ern in klassischen Männerberufen ausgebildet wurden, Schlosserinnen und Tischlerinnen wurden, begann ein Jahrzehnt später die »Zurück an den Herd«-Kampagne: Die 50er waren der schlimmste Rückschlag für den Feminismus. Die Urgeschichte dient lediglich als Projektionsfläche für den Wahnsinn der Geschlechterklischees, die wir Menschen als historische Projektion für das eigene Selbstverständnis nutzen, um uns selbst in unserer Geschlechterrolle zu identifizieren. »Weil du der Mann bist« oder »Weil du die Frau bist« – Sätze, die heute eigentlich verboten gehören. Und doch begründen viele Menschen bei jeder Gelegenheit so ihr gesamtes Dasein.

Geschlechtsspezifische Rollenbilder machen nur bei (hetero-)sexuellen Menschen auf der Suche nach Partnern zwecks Familiengründung Sinn. Im späteren Leben, wenn der Part abgehakt ist, ist das vorbei. Wenn es um die eine Sache geht, die Männer den Frauen nicht abnehmen können: das Kinderkriegen. Denn selbst Aufzucht und Pflege kann man sich heutzutage in egal welcher Familienkonstellation teilen.

Deshalb sind die Steinzeittheorien vor allem in den Köpfen der Eltern verankert, die in den 50er-Jahren aufgewachsen sind. Sie haben uns das Märchen von der Aufgabenteilung von

Männlein und Weiblein vorgelebt, ohne nachzudenken, was ihre archaischen Weltbilder so bei uns auslösen.

Wie ein Mann zu sein hat und aus welchem Stall er zu stammen hatte, war trotz seiner Unkonventionalität fest in der Vorstellung meines Vaters verankert. Er wusste früh, was er für seine Töchter wollte (Zahnarzt: sehr gerne) und was nicht (Autoschlosser: nicht so gerne). Kein Wunder, dass es in manchen Fällen ein halbes Leben dauert, diese Prägung wieder loszuwerden. Wobei das auch nicht unbedingt schiefgehen muss: Meine Schwester hat auch einen Mann mit Fundament geheiratet – und ist trotzdem glücklich geworden. Zumindest eine seiner Töchter kam zur großen Freude meines Vaters unter eine gut betuchte Haube. Bei der anderen, mir, war er da nicht sicher.

»Und was macht dein Vater so beruflich?«, fragte mein Vater meinen ersten Freund. Nach seiner Mutter, die damals einen Fulltime-Job hatte, hat er natürlich nicht gefragt. Ich war 17 Jahre alt, mein Freund war 19 und mitten im Abitur. »Papa, das kannst du doch nicht fragen!«, rief ich empört. »Warum denn nicht, mal den Stall überprüfen«, sagte er. Sein Problem: Der Vater meiner ersten Liebe war Kurierfahrer. Das war schon mal der »falsche Stall«. Was ihn dazu legitimierte, unser zartes Bändchen der Verliebtheit zu torpedieren. Damals gab es noch keine Handys. Wenn H. also anrief und mein Vater ans Telefon ging, ließ er mich ohne mein Wissen verleugnen. Es kam zur Krise, zwischen dem Jungen und mir. Vorbei war es aber erst zwei Jahre später. Und auch nicht deshalb.

»Also wer sind wir denn?«, fragte meine Mutter immer. Als wäre ich eine Lipizzanerstute, die sich mit einem Haflingerhengst paaren wollte! Mein Argument, mein Freund studiere demnächst an einer European Business School, seine Eltern haben Tag und Nacht geackert, um »dem Bub das Studium zu finanzieren und ihm eine gute Ausbildung zu ermöglichen«, überzeugte meinen Vater kein bisschen. »Nix da. Sohn vom Kurierfahrer bleibt Sohn vom Kurierfahrer.«

Ich habe dann nicht den Sohn des Kurierfahrers geheiratet. Und wollte aus eigenem Antrieb noch ein paar Jahre auf die Weide. »Bis die einen Deckhengst findet ...«, stöhnte mein Vater. Immer wieder.

In den folgenden Wochen vermisse ich Adrian. Nach dem Abend mit der Buchpräsentation meldet er sich kaum noch. Aber jedes Mal, wenn ich mir vorstelle, seine Eltern zu treffen, seine Kinder, seine Ex-Frau oder seine Kumpels von der Baustelle ... Jedes Mal, wenn ich mir ausmale, wie es wäre, ernsthaft Part seines Lebens zu sein, lässt der Liebeskummer schlagartig nach. Nein, es ist besser so.

Im Laufe der Zeit entwickelt man einen gewissen Fatalismus. Vor Kurzem, beim Lunch in der Kantine am Baumwall, fiel mir Lena Lehmann wieder ein. Heute muss ich lächeln, wenn ich an sie denke. Sie arbeitet nicht mehr bei der Zeitschrift, wo inzwischen viele Redakteure entlassen wurden. Heute verfasst sie unter anderem Hochzeitsreden.

Was sie wohl gesagt hat, bei ihrer eigenen, zweiten Hochzeit? Lena und ihr Lastkraftwagenfahrer haben tatsächlich geheiratet. Bei ihr gab es also doch noch ein Happy End.

KAPITEL 4

COWBOYS AUF ELEKTROROLLERN

Wie ich schweren Herzens den Mann meiner Träume meiner Freundin überlassen muss und feststelle, dass auch sexuelle Anziehungskraft jenseits des Beuteschemas schlummern kann.

Wer als Singlefrau mittleren Alters durch die Gegend geht, begreift sich selbst permanent im Kontext einer Anbandelungssituation. Es ist manchmal anstrengend und ermüdend. Gerade nach Nächten wie dieser – wenn wieder mal bis 2 Uhr morgens in meiner Wohnung der Club der Getrennten getagt hat.

Morgens um 9.30 Uhr, im Aufzug eines Verlagshauses in der Innenstadt:

Ganzkörperspiegel, Neonlicht. Ich muss noch mal runter, Caffè Latte und Croissants besorgen, ehe ich mich einer Geschichte über einen gestrandeten Pornostar widmen soll.

Im vierten, zwei Stockwerke unter mir, steigt der Cowboy zu. Jeans, Hoodie, spitze, graue Lederstiefel, schlank, größer als ich. Ich lächle ihn an. Er lächelt zurück. Wenn ich nur ansatzweise so gut ausgeleuchtet bin wie er, dann lächelt er jetzt nur aus Höflichkeit. Im Background (meinem Kopf) erklingt der Karl-May-Soundtrack aus Winnetou. Oh Mann, du siehst aus wie Lex Barker als Old Shatterhand, Urversion der TV-Cowboys meiner Kindheit. Warum hat Gott dich nicht einfach abends geschickt? Nach dem zweiten Drink in einer Bar, bei gedimmtem Licht? Oder wenigstens über einer Dating-App?

Die Krähenfüße unter seinen bernsteinfarbenen Augen ziehen sich quer über seine obere Gesichtshälfte, bis hin zu den Ohrläppchen. Ab Mitte des Gesichtes gehen sie nahtlos in die so genannten Nasiolabialfalten zwischen Mund und Nase über, die mit Anfang 30 noch einzelnen kleinen Linien in gefaltetem Papier gleichen und im Laufe der Zeit tiefe Furchen werden. Seine Gesichtspartie links und rechts der Mundwinkel gleicht schon fast einer Ziehharmonika; im Prinzip weist sein Gesicht keine einzige linienfreie Stelle mehr auf – außer vielleicht seiner Nase. Oder seinem vollen Mund. Der Mann ist nicht älter als 45. Und, Pardon für das Klischee, aber sein Gesicht entspricht wirklich dem Prototypen eines Westernhelden. Fehlen nur noch Hut und Cowboystiefel.

Das Licht ist katastrophal.

Schon ungerecht, das mit den SCHÖNEN Falten der Männer. Ich denke an abartig teure Augencremes von Shiseido und Co, Botox-Partys, geeiste Schlafbrillen, Hyaluronspritzen … und all den Stress, den unsereins sich reinzieht. Also nicht, dass männliche Schönheit nicht vergänglich wäre; nehmen wir Glatzen oder, noch schlimmer, einzelne, über die Glatze gekämmte Strähnen. Oder Christbaumkugeln in lang gezogenen Hautsäckchen, unterhalb der Gürtellinie. Trotzdem. Wenn er mein

Gesicht so scannt wie ich seines, dann gute Nacht. Dann wird er mir im Erdgeschoss einen Rollator besorgen. Oder gleich einen Rollstuhl. Und keinen Mustang, auf dem wir quer durch die Hamburger City reiten können, er vorn, ich hinten.

Andererseits: Sieht nicht jede Frau ab 25 aufwärts im Aufzug unterm Neonlicht irgendwie alt aus? Meine Freundin Sandra macht seit 20 Jahren das Licht auf allen Toiletten dieser Welt aus, ehe sie dort reingeht und sich im Spiegel ansieht. Selbst in einem Luxushotel in New York hat sie einmal den Portier gebeten, das Licht zu dimmen, ehe sie einen der überbeleuchteten Waschräume betrat. Nie würde sie in einen solchen Aufzug steigen. Was sehr, sehr weise ist.

Ich sehe kurz in den Spiegel. Ein langes, schwarzes Nasenhaar ragt aus dem linken Nasenloch. Großer Mist. Je öfter man sie ausreißt, desto schneller wachsen die Dinger ja nach. Habe mir gerade erst sieben, acht Nasenhaare mit der Pinzette ausgerissen. Tut schweineweh, bringt einen zum Niesen.

Ich zwinge mich, an die Legenden in Magazinen für die Frau ab 40 zu denken – die ich selbst manchmal schreibe. Altersbedingter Verschleiß, Falten, Speckrollen, weißes Haar und Hängebäckchen: Poesie des gelebten Lebens. Also die Käsesahnetorte von gestern Nachmittag. Ab 45 beginnt die innere Schönheit dann zu leuchten. Der Bauch war teuer, die Gleitsichtbrille ist intellektuell und Nasenhaare – nun ja, vielleicht sieht er ja selbst auch nicht mehr so richtig scharf. Und drei Seiten später erklären wir den Leserinnen dann die effizienteste Diät für die Wechseljahre und die perfekte, chemiefreie Pflanzenfärbung fürs Haar. Also alt werden in Würde ist schon super. Solange wir das geheime Gegengift irgendwo im Apothekenschränkchen haben.

Der Cowboy wirft mir einen flüchtigen Blick zu, ehe wir unten sind – er hat gemerkt, dass ich ihn angestarrt habe. Er lächelt. Wahrscheinlich geschmeichelt. Oder war das, um Rike zu zitieren, der Funke des Universums? Ein Lächeln ist ein Lächeln ist ein Lächeln.

Im Erdgeschoss vor dem Aufzug wartet nicht Hatatitla auf Old Shatterhand, sondern die Saloon-Schönheit des Italowesterns, in die Jetztzeit adaptiert: dünn wie ein Halm, Föhnfrisur, kurzer, heller Fake-Pelz, viel zu roter Lippenstift für den helllichten Tag. Man sieht nicht, ob sie lächelt, zu viel Botox lässt ja nur noch bedingt Gesichtsmimik zu.

Teile von ihr mögen 50 sein, doch Schlangengift sei Dank ist ihr Gesicht keinen Tag älter als 29. Weder unter den Augen noch am Mund ist der Hauch eines Fältchens erkennbar. Das korrekte Alter wäre allenfalls an braunen Punkten auf dem Handrücken zu sehen – hätte sie nicht wahnsinnig elegante Handschuhe an. Die beiden verlassen das Gebäude, ich sehe durch die Glastür, wie sie sich zwei Elektroroller schnappen. Und dann in Richtung City rollen.

Na gut: Old Shatterhand fährt also Elektroroller und ist vergeben. War ja klar. Ich bin einerseits froh, dass seine »Was-auch-immer« nicht 28 ist. Aber auch ein wenig befremdet, dass es genauso ist, wie es aussieht: Er hat massenweise Falten. Seine Freundin nicht eine einzige. Warum?

Wahrscheinlich isst sie wie Claire immer Spargel ohne Soße und trinkt auf Partys nie mehr als zwei Weinschorlen – über den ganzen Abend verteilt. Brot, Gummibärchen und Schokolade existieren nicht in ihrer Welt. Wahrscheinlich geht sie viermal pro Woche zum Workout und rennt – bis kurz vorm Herzinfarkt. Um die Alster. Durch den Jaenischpark. Sie ist stets über die neusten Hightech-Anti-Aging-Methoden informiert und investiert ihr gesamtes verfügbares Cash dafür. Und hält das mit all ihren Freundinnen für das wichtigste Thema überhaupt.

Sie tut alles, um ihre »Fuckability« zu erhöhen. So nennt sie das.

»Der Fleischmarkt ist hart«, sagte eine Freundin unlängst. Lachend zwar. Aber steckt hinter dieser Aussage nicht schiere Verzweiflung? Was tun Frauen alles, nur um Männern zu gefallen? Sie hungern, rennen, schwitzen, schnibbeln, kotzen und klotzen. Alles nur um einen Typen abzukriegen – der am Ende doch wieder der Falsche ist. Denn den richtig Netten ist es doch egal, wie moppelig unser Bauch oder wie tief unsere Augenringe sind. Oder? Ich verachte die Diktatur des »Fleischmarktes«. Nicht nur, weil sie ein nicht zu gewinnender Wettlauf mit der Zeit ist. Sondern aus Prinzip. Auch wenn ein durchtrainierter Körper die Option auf Sex erhöht. Es gefällt mir nicht, dass auch intelligente Frauen oft an Selbstverletzung grenzenden Körperkult betreiben, über die psychische und physische Schmerzgrenze hinaus. »Früher warst du ein Stückchen Tofu mit Zuckerschoten und einer Handvoll Quinoa, heute bist du eben ein Kotelett mit Fettrand und Pommes«, sagte Claire neulich. Auch ein netter Vergleich. Aber seit wann sind Cowboys eigentlich Vegetarier?

Claire an meiner Stelle hätte ihm wahrscheinlich sofort ihre Nummer zugesteckt, bevor die Dame im hellen Pelz auftauchte. Wobei er als Masseurersatz auch schon 15 Jahre zu alt wäre. Wer sich bei Claire als neuer Partner qualifizieren will, braucht mindestens eine HON-Card (als Ehrenmitglied des »HONory Circle« im Vielfliegerprogramm von Lufthansa – nur absolute

Topliga-Manager und Politiker haben HON-Cards). Eh egal, der Mann ist weg. Und mit hoher Wahrscheinlichkeit vergeben.

Vier Tage später passiert das Unglaubliche: Amor hat es in die Hand genommen. Es ist Freitagabend, ich esse mit Rike zu Abend. In einem Szenelokal auf der Schanze. Und wer sitzt schräg hinter uns? Richtig. Der Cowboy. Unsere Themen: Ex-Männer. Paartherapien. Beuteschema. All das. Ich hatte ihr in allen Einzelheiten vom Cowboy erzählt. Gucke durch den Raum, glaub, mich tritt ein Mustang, als ich ihn entdecke. Er sitzt in einer reinen Männerrunde.

Sein (kleiner) Nebenmann hat Gesprächsfetzen aufgeschnappt (Rike spricht immer so extrovertiert laut, dass das halbe Lokal mithört). Die Jungs in seiner Runde sind sympathisch. Keiner bläht sich auf, sie debattieren anscheinend ernsthaft über Beziehungen – oder das, was davon noch übrig ist. Ich grüße den Cowboy. Als würden wir uns ewig kennen. Und hätten uns ewig nicht gesehen. Große Freude, ihn zu sehen. Natürlich weiß er nicht, wer ich bin. Ich will ihn auch gar nicht an den Aufzug erinnern, für den Fall, dass er doch mein Gesicht unter dem Neonlicht gescannt und das Nasenhaar entdeckt hat. Oder mich als Halloween-Hexe abgespeichert hat. Denn der erste Eindruck zählt, angeblich mehr als alles andere. Ich zähle Optionen auf, woher wir uns kennen könnten. Verlagskantine, Kinderaktivitäten, Fußball, was weiß ich. »Ja klar, Kantine!«, ruft der Cowboy und klopft sich mit der Hand auf die Stirn mit diesen hübschen Linien, schaut jedoch nonstop in Rikes Richtung. »Äh, nicht sie sollst du erkennen – sondern mich«, sage ich. Er antwortet nur so halb und schaut weiter in Rikes Richtung. Na toll. Ich hab ihn mir abends bei Schummerlicht gewünscht. Und paff: Da sitzt er. Und schaut mich nicht an. Sondern Rike. Heute nicht ganz so cowboymäßig, im Cashmeresakko, Hemd und der spackigen, hellbeigen Chinohose. Als hätte Lex seine Cowboy-Rolle gegen die eines Hanseaten-Schnösels eingetauscht. Ach, egal. Ich wollte ihn wiedersehen. Und da ist er. Zufällig in einer 1,8-Millionenstadt. Wenn das kein Schicksal ist!

Die Eckdaten sind zackig abgeklopft. Er heißt Thomas, ist Zahnarzt, Mitte 40, frisch getrennt und noch nicht geschieden, und zwar von einer Anzeigenleiterin besagten Verlages – wo ich ihn neulich im Aufzug traf. Sein großer Sohn sei 20 und aus dem Gröbsten raus. Die Tochter verweile, aufgrund nachhaltig schlechter schulischer Leistungen, gerade in Kanada, Montreal. Sie ist 15. Der Zahnarzt spricht ohne Unterlass. Seine Augen kleben an Rike.

Rike wirft ihre taillenlangen Locken mit einer Hand nach hinten und ihren Kopf in den Nacken. Ich bin tief beeindruckt von dieser Geste. Ich merke nur beim Versuch einer Nachahmung: Mir fehlt leider das Haar, das ich dekorativ von der einen auf die andere Körperseite werfen könnte. Können Männer sich in Haare verlieben? Seit ihrer Trennung trägt Rike goldene Highheels und ihre Lippen stehen vor wie eine Schnabeltasse, wie bei Ruth Wilson in *The Affair*. Was teilweise so nervt, dass ich ihr Profil nicht mehr ertrage und in Szenen, wo man den Schnabel zu lange von der Seite sieht, vorspule.

Rike und der Cowboy: Muss das sein? Hat sie als Kinderlose nicht jede Woche oder spätestens jede zweite einen Neuen am Start? Muss sie sich mir gebeutelter Singlemutter (Verdammt, ich zahle seit 19 Uhr den Babysitter, jetzt ist es 22 Uhr, da bin ich bereits bei 24 Euro. Dafür kann meine kinderlose

Freundin schon einen Ziegenkäsesalat und zwei Gläser Wein konsumieren!) jetzt echt die Tour versauen? Nachdem ich ihr verklickert habe, dass der Cowboy MIR gehört? Also echt, Rike. So geht das nicht. Oder muss ich jetzt Einsicht zeigen? So ist das Leben. Er steht auf Haare, goldene Schuhe, keine Kinder, Schnabellippe. Rike ist meine Freundin, er steht auf sie. Nicht zu ändern. Und überhaupt: der ganze Raum voller Männer. Also, Memo an mich selbst: Krieg dich wieder ein!

Es ist 22.30 Uhr, geschätzter Promillewert: 0,4. Folge: leichte verbale Inkontinenz nach aufgelockerter Zunge. Jedoch noch deutlich vor dem Lallen.

Ich (zum Cowboy): »Übrigens: Schöne Frau, die du da hast. Hab euch gesehen im Foyer vor dem Aufzug.« (Gott, bin ich VERLOGEN. Diese voll getunte, zugekleisterte Tusse, die nicht alt werden kann ...)

Cowboy: »Jaja, das war meine Ex. Ja, schön ist sie. Aber nicht so schön wie deine Freundin.« Dann wendet er sich wieder Rike zu.

Fuck, sie muss aufpassen, dass sie nicht auf seiner Schleimspur ausrutscht. Das Schicksal hat mir nicht den Cowboy meines Lebens, sondern einen verdammten Alptraum geschickt. Mein Gemütszustand dreht sich gerade von »Mist, er baggert meine Freundin an und nicht mich« in »Mist, er baggert meine Freundin an und ist im Begriff, sie übelst zu verarschen«. Er glotzt in einer Tour in Rikes bis zum Bauchnabel reichendes Dekolleté ihres unfassbar geilen, silbernen Paillettentops, das sie mit mir zusammen geshoppt hat.

Der Cowboy bestellt sich und Rike einen Sex on the Beach (kotz, ist der kitschig). Und dann entschwinden sie ins Freie. Zum Rauchen. Er fasst sie um die Hüfte. Sie kichert. Ich glaub, ich spinne! Ich rauche auch, vor allem, wenn ich trinke. Vor allem jetzt. Ich will jetzt eine Zigarette! Ich folge ihnen.

»Habt ihr Zigaretten?«, frage ich. Alleine »ihr« – als wären sie schon eine Einheit. Ein Paar. Dass ich nicht lache. Aber ich schnorre immer, wenn ich beschwipst bin, sonst rauche ich zu viel auf einmal. Geht mir mit allen Sachen so. Zigaretten. Schokolade. Erdnussflips. Und noch mehr Alkohol.

Der Cowboy kramt in seiner Weste, zieht seine Schachtel heraus.

»Oh, die letzte«, sage ich und ziehe die letzte Zigarette aus seiner Schachtel. »Macht nichts, da drüben ist ein Automat«, füge ich aufmunternd lächelnd hinzu.

Er schaut mich an wie ein Insekt. Kneift Augen und Lippen zusammen. Er wirkt unentspannt, weil er wahrscheinlich sofort losknutschen will, mit Rike. Ich störe ihn so was von.

Ich, 0,5-Promillegrenze überschritten, fühle mich dringend zum Weitersprechen inspiriert.

»Und, wie ist das so, von morgens bis abends in stinkenden, kariösen Zähnen herumzustochern? Hast du da so einen grünen Mundschutz? Zahnarzt – ist das denn heute noch rentabel? Also früher meinte mein Vater ja: ›Mädchen, sucht euch einen Zahnarzt. Oder einen Anwalt wie den Onkel Peter!‹ Mein Patenonkel. Sein Honorar lag damals schon bei so 400 Mark die Stunde. Der hat sein Haus mit einem Schlag abbezahlt. Aber heute sind Anwälte und Zahnärzte als Ehemänner ja auch keine stabile Investition mehr. Die Kassen übernehmen ja eh überhaupt nichts mehr, bei so einer Zahnfüllung zum Beispiel ...?«

Er rollt die Augen nach oben. Markiert ein gefaktes Gähnen. Hält eine seiner Hände vor den Mund. Hässliche Hände.

Wiener-Würstchen-Finger. Merkwürdig. ER wird mir immer unsympathischer.

Rike: »Süße, findest du das jetzt angemessen, diese Art der Kommunikation? Er sagt ja jetzt auch nicht, dass freie Journalisten Loser sind, die gar nichts mehr verdienen. Wir sprechen eigentlich gerade über Fotografie! Denn Thomas interessiert sich brennend für Fotografie ...«

Ich: »Okay. Also Themenwechsel. Fotografie. Rike macht ja nicht nur Kunstfotografie, sie fotografiert ja auch kommerziell. Auch Sachen, die ich so schreibe ...« Wir haben gerade zusammen eine Serie für eine große Boulevardzeitung gemacht, die sie wohl vorsichtshalber nicht erwähnt hat.

Rike, völlig entrüstet: »Also Süße, ich weiß jetzt überhaupt nicht, wovon du gerade redest.«

Ich: »Ach so, ja ... willst du jetzt nicht drüber reden ... weil uncool ...«

Ich trete meine Zigarette aus und gehe rein. Höre noch, wie Rike mit Thomas über Gursky debattiert und Thomas sie fragt, ob ich immer so sei. Oder nur betrunken. Gursky stellt demnächst in der Kunsthalle aus. Thomas hat zufällig eine Einladung zur Vernissage: Man muss kein Hellseher sein, um zu ahnen, mit wem er dort hingehen will.

Warum kenne ich jetzt schon das Ende der Geschichte? Gegen 14 Uhr wird sie mich anrufen. »Du, Süße, ich habe ihm gerade noch Rührei und Kaffee gemacht ...« Ihr Auto wird nicht mehr da sein. Sie parkt nämlich immer so, dass sie am nächsten Tag abgeschleppt ist. Also auch ihr Auto. Und kommt auch nicht mit dem Fahrrad oder dem Bus, obwohl klar ist, dass sie eh nicht mehr fahren kann, nach solchen Abenden. Auch dafür liebe ich sie. Sie ist der vielleicht einzige Mensch, neben dem ich nicht hoffnungslos chaotisch wirke. Weil sie all meine Verfehlungen immer noch toppt.

Wenn sie den Cowboy nicht jetzt sofort stehen lässt und nach Hause fährt, ist ihre Chance eh vertan. Wobei das womöglich in diesem Fall auch kein Verlust wäre.

Bis morgen, sagen wir 14 Uhr, wird sie glauben, das Universum habe IHR diesen Mann geschickt. Ich war diesmal nur Amor. Was ja auch keine so üble Rolle ist. Aber ich kann sie jetzt auch nicht vor ihm warnen, ohne dass das total falsch rüberkommt.

Zurück in der Bar stelle ich mich neben den Begleiter des Zahnarztes, der mir schon vorher durch witzige Einwürfe aufgefallen war. Er ist klein und dick, hat die Ärmel seines gestreiften Oberhemdes hochgekrempelt und welliges, halblanges Haar. Er trägt handgenähte Schuhe, klassisch hanseatischer Fasanenjäger-Look. Gelinde ausgedrückt: nicht gerade mein Beuteschema. Viel zu konservativ, abgesehen von seiner Größe. Um mich anzusehen, muss er den Kopf in den Nacken legen. Nicht, dass ich eine Giraffe wäre. Aber Leo, rund einen Kopf kleiner ist als ich, sieht mich an und sagt: »Ich mag gleich große Frauen.« Ich muss lachen.

Hätte er bei Tinder seine Größe dazugeschrieben, 1,65 Meter, ich hätte ihn nie getroffen. Aber so? »Gott sei Dank bin ich kein Tinder-Date«, sagt er. »Da machen sich nämlich alle immer größer, oder?«

»Keine Sorge«, sage ich, »nicht nur Männer tun solche Dinge.« Profilbild: Alexandra-Maria Lara, Realität: Marianne Sägebrecht. Aber stopp: Ich bin ein Riesenfan von Sägebrecht und aus Prinzip gegen die Diskriminierung Dicker. Die Sache ist nur: Bei Onlinedates sind Männer empfindlich, was das Gewicht von Frauen betrifft. Während Frauen eher auf gemogelte Körpergröße von Männern kritisch reagieren. Vor allem, wenn es echt zu übertrieben ist.

Die Flirtmission des Abends ist failed, was soll's, ich trinke also noch einen letzten Absacker und dann rufe ich mir ein Taxi. Babysitterstunde Nummer fünf, wird ja auch nicht billiger.

Der Mann unterhalb meiner Augenhöhe erzählt herzzerreißend offen von seinem Trennungsdrama. Seine Ex ist mit seinem besten Freund, einem Hamburger Immobilienhai, durchgebrannt. Jetzt ist er nicht mehr sein bester Freund. Seine zehnjährige Tochter dreht seither so am Rad, dass er den prominentesten Kinderpsychiater der Stadt rekrutieren musste. Neulich abends habe das Mädchen Kirschen in den Standmixer in der Küche gefüllt und mitsamt Kernen vermixt. Das Ergebnis sah aus wie ein herausgeschossenes Hirn. Oder so, wie man als Laie denkt, wie ein herausgeschossenes Hirn aussieht. Das Ganze hat sie dann auf Leos seidener Bettwäsche verteilt. Dabei lag ein Zettel: »Das hast du davon.« Die kleine Kröte hatte sich derweil unter der Eckbank versteckt, während Leo laut heulend den Notruf rief: Der Anblick der roten Sauerei beunruhigte ihn, auch wenn er sie nicht genau einordnen konnte. Aufgrund der Trennung ihrer Eltern, an der angeblich er die Schuld trug, war irgendetwas passiert mit seiner Tochter. Natürlich hat er schnell gemerkt, dass es sich um Obst gehandelt hatte. Trotzdem. Pervers, oder?! Sagt er immer wieder. »Und Sorgen macht man sich ja trotzdem«, sagen wir, unisono. Als fünf Minuten später die Polizei geklingelt hat, sei sie prustend aus ihrem Versteck aufgesprungen und hat »Reingelegt Papa, hahaha« gebrüllt.

»Kinder sind echt manchmal ein Traum«, sage ich. Vor allem nach Trennungen. Eigentlich sollte man sie schon prophylaktisch bei einem Kinderpsychiater anmelden, sobald man vorhat, sich zu trennen.

Ich schnappe mir einen Hocker, so sind wir gleich groß. Apropos Augenhöhe. Leos Augen sind dunkelbraun, fast schwarz, sein Gesicht hat etwas von einem Seehund, etwas unheimlich Süßes. Wäre er doch nur einen Kopf größer ... Oder? Aber der Mann ist viel geistreicher als sein Freund, der Cowboy. Sein Lachen klingt wie hysterisches Hundegebell. Ich unterhalte mich blendend.

Leo: »Du bist enttäuscht, dass du jetzt mit mir reden musst, anstatt mit Thomas, oder? Aber ich sag dir was: Thomas ist 'ne ausgebrannte Tüte mit Beziehungsdauerstress. Immer mehrgleisig. Ich bin hier der Hauptgewinn!« Ich gebe zu, dass ich Thomas vor ein paar Tagen noch sexy fand – na ja, bis vor einer Stunde sogar. In diesem Moment drückt er Rike systematisch Drinks in die Hand, hält sie fest um die Taille, sie schielt schon leicht, aber in die Augen schaut er ihr ohnehin nicht. Wir schließen Wetten ab, wie lange es noch dauert, bis sie knutschen. Ich sage: fünf Minuten. Er sagt: fünf Sekunden. Er gewinnt. Mensch, Rike. Morgen wird er sich nicht mal mehr an deinen Namen erinnern.

Leo: »Morgen wird er sich nicht einmal mehr an ihren Namen erinnern.«

Ich: »Wie kommt es, dass du immer das sagst, was ich denke?«

Leo: »Lass uns lieber über uns sprechen. Die beiden sind doch erwachsen. Sollen sie doch Spaß haben. Also, lass mich raten. Dein Beuteschema durch frühkindliche Prägung: Winnetou? Clint Eastwood? Bonanza? Dein Vater war mit dir bei den Karl-May-Festspielen und du warst der größte Fan von *12 Uhr mittags* und wolltest so sein wie Grace Kelly. Obwohl du das inzwischen hoffentlich aufgegeben hast …?«

So viele Treffer ins Schwarze hat meine Therapeutin in 20 Sitzungen nicht gelandet. Ich war wahlweise in Winnetou oder alle anderen Westernhelden verknallt, die die ersten drei Fernsehprogramme eben so hergaben. An Kinderfasching ging ich als Ribanna, bis irgendein Winnetou auftauchte. Und ja, ich habe diese lächerliche Cowboy-Prägung.

Leo: »Und heute fragst du dich bei jedem Onlinedate, wenn einer mit dem E-Roller ankommt: ›Ist das jetzt dein fucking Gaul?‹ Stimmt's?«

Woher weiß er das alles? Er ist kein Hellseher, auch kein Magier mit Verbindung zum Universum. Er ist einfach Werber. Seine Agentur entwickelt Dating-Apps. Zielgruppe: geschiedene Singles mittleren Alters. Wow. Wahrscheinlich bin ich als Frauentyp durchanalysiert bis in die letzte Pore, die Datei liegt fertig im Zielgruppenordner: »Urbane, geschiedene, weiße Mittelschichtmutter, die immer noch von Cowboys träumt; ursprünglich jedoch durchs Landleben, das TV der 80er-Jahre und einen durchgeknallten Vater sozialisiert.«

Ich bin tatsächlich kein Fan von Onlinedates. Das Risiko, einen parfümierten Lackaffen oder eine Tüte ohne Text zu erwischen, ist vergleichsweise hoch. Klar trifft man auch interessante Menschen, mit denen man nette Abende verbringen kann.

Fest steht: Ein Mann, der weibliche Ziergruppen analysiert, hat richtig Ahnung von Frauen. Auch wenn es seine Masche ist. Natürlich braucht er gerade als kleiner Mann eine Masche.

Leo bestellt einen doppelten Whiskey on the rocks. Macht er jetzt echt einen auf Cowboy? »Keine Sorge, meine Life-Work-Balance kommt nicht aus dem Gleichgewicht, nur weil ich mal einen Whiskey trinke.« Ich sehe ihn an. Tatsächlich wirkt er gerade wie ein von sich selbst inszenierter Werbespot, wie er das Glas nimmt, an die Kehle hält und in einem Zug auskippt.

Während Rike mit Thomas in einer dunklen Ecke verschwindet, höre ich gebannt Leos Marktanalyse zu. Es geht um das Ungleichgewicht zwischen Wunschdenken und Realität auf dem Singlemarkt. Natürlich presst er mich aus, wie eine Zitrone. Das stört mich nicht, denn ich erfahre einiges über mich selbst, was ich bis dato nicht wusste: Mein Cowboy-Tick hat weniger mit meiner Zielgruppe zu tun als vielmehr mit mir. Angeblich möchte ich selbst gerne ein Cowboy sein. Wenn auch ein weiblicher. Ich bin also Natalie Portman in *Jane Got a Gun*, Ehefrau und Mutter, die gegen eine böse männliche Übermacht im erbarmungslosen New Mexico ums Überleben kämpft. Und nicht Marianne Koch, die mit Betonfrisur im Damensattel den schönsten Schmollmund vorm Saloon zieht. Tatsächlich hat der Kinowestern uns Frauen erst nach der Jahrtausendwende identifikatorische Heldinnen geliefert.

Aber nur, weil wir selbst uns in gewandelten Rollenbildern wiederfinden, heißt das noch lange nicht, dass Männer uns dafür schätzen und verehren. Alle Geschlechter kämpfen mit dem Wandel ihrer sexuellen Identität, im Lauf der Zeit. Die logische Folge: Wir ändern uns. Auch weil wir es müssen, um zeitgemäß zu sein. Also müssen wir im Umkehrschluss auch unser Beuteschema, unsere Ideale neu definieren, was uns geprägt und manchmal auch den Start ins Erwachsensein versaut hat. Unter anderem zu einer falschen Partnerwahl geführt hat. Das ist ja vor allem bei Frauen so ein Grundproblem.

Wir träumen ja auch nicht mehr von tagealtem Männerschweiß, schlechten Manieren und dreckigen Fingernägeln – irgendwo hört die Verherrlichung der knallharten Naturburschen aus dem Italowestern der 60er im wahren Leben dann auch auf. Adam Soboczynsky schrieb im *Zeit Magazin,* Deutschland sei das Paradebeispiel für ein Land, das deshalb so stark auf den weiblich konnotierten Mann setze, weil es den Heroismus vor wenigen Generationen restlos überstrapazierte. Obwohl ich in mancherlei Hinsicht nicht als klassisch deutsch zu betrachten bin, unterschreibe ich den Gedanken des überstrapazierten Heroismus hierzulande.

Bei mir ist es spätestens bei Männern mit Mascara, Makeup und Komplettrasur vorbei. Apropos Haar: Bärte sind der schlimmste Männlichkeitstrend der letzten Jahre. Sie kratzen beim Küssen, man mag sich nicht vorstellen, wie viele mit Biertropfen vermählte Brotkrümel sich darin zu Bakterienkolonien vermehren. Man sieht es allein daran, wie Männer ihre Bärte kratzen. Nein, bitte, weg mit den Bärten. Fast gewinnt eine Heterofrau den Eindruck, dass Männer sich Bärte als Frauen-Stopper aneignen. Wer einmal einen Mann mit Bart geküsst hat, weiß: Danach sieht das Gesicht aus wie ein frisch geschlüpftes Igelbaby. Bärte mögen (un-)männliche Kinnpartien kaschieren und haben denselben Effekt wie bei uns Frauen Halstücher, mit denen wir das verdecken, was unser Alter am schlechtesten leugnen lässt: den Hals. Doch ein Mann mit halbwegs glatter, gepflegter Kinn- und Halspartie ist immer noch angenehmer als ein drei Tage ungemähtes Stoppelfeld. Egal, wie cool das manchmal aussieht. Männer brauchen keinen Bart, um männlich auszusehen. Clint Eastwood oder Sean Connery trugen in frühen Filmen niemals Haare im Gesicht: weil es nicht nötig war. Erst jetzt, mit weit über 70, lassen sie der Natur freien Lauf und sehen aus, wie alte Männer mit Bart eben aussehen. Und apropos haarige Männlichkeit: Männer mit gestutztem Brusthaar erinnern mich an Schafe, die frisch aus der Schermaschine kommen. Nur bei Haaren auf der Schulter oder dem Rücken empfehle ich vor unbekleideten Aktivitäten jedweder Art einen Besuch im Waxing-Studio – oder ansonsten das Gorillagehege bei Hagenbecks.

David Beckham als »Metrosexueller« hat vielleicht ein neues Zeitalter eingeläutet – was männliche Schönheit betrifft. Modische Marotten wie gestutzte Augenbrauen hin oder Bräunungscreme her – er ist trotzdem ausnehmend maskulin. Und die »neuen« Männer dürfen sich meinetwegen auch Botulimum-Toxin in ihre Basset-Falten jagen – wenn sie sich hinterher hübscher fühlen, warum nicht? Doch die Betonung liegt in diesem Fall auf: dürfen. Sie müssen aber nicht. Dagegen wurden bei uns Frauen Alterserscheinungen wie zu viele Falten zu keiner Epoche als schön empfunden.

So werden die No-go-Listen gegenseitiger Intoleranz zwischen den Geschlechtern immer endloser: Vor allem bei Onlinedates, die jenseits der Fleischtheke oder des Elbufers gematcht haben. Also werden die vielen NEINS vorsichtshalber in jedem Suchprofil veröffentlicht. Was oft relativ unsympathisch rüberkommt. Und sich ohnehin in der Realität als vollkommen überflüssig herausstellt.

Das beste Beispiel sitzt schließlich gerade vor mir:

Hätte ich Leo bei Tinder getroffen, hätte ich ihn weggewischt.

Warum? Wegen der paar Zentimeter, die er kleiner ist als ich? Hätte er das Manko seiner Größe durch die Nennung seines Jobs ausbügeln können? Agenturchef mit Linguistikstudium. Sexy Job mit sexy Jahresgehalt. Aber wer will schon für seinen Bonus am Jahresende geliebt werden? Wofür wollen Menschen überhaupt geliebt werden? Welche Frau zum Beispiel für perfekte Brüste? Oder warum lassen sich sonst immer mehr Frauen ihre Brüste operieren? Das immer wieder konstatierte »nur für mich selbst« müsste eigentlich heißen: Ich kann mir selbst nur gefallen, wenn ich auch Männern gefalle. Wie viel Verunsicherung muss wohl so viel Geld und Schmerzen vorausgehen? Was nehmen Frauen in Kauf, um zu gefallen? Und lebt nicht die ganze Branche Schönheitsindustrie vom Selbstoptimierungswahn, vor allem bei den Singles? Um irgendwann doch noch den perfekten Kerl abzukriegen? Als würden Frauen mit perfekten Brüsten oder Männer mit zehn Zentimetern mehr über dem Meeresspiegel bessere Partner finden. Leo ist natürlich mit Recht gar nicht erst auf Onlineportalen unterwegs, erzählt er. Davon abgesehen, dass er nicht auf gesnapchattete Katzenöhrchen, Silikonbrüste oder Fingernägel mit Glitzersteinchen steht. Er hat eine Phobie gegen alles, was unecht ist. Also nicht, dass ich der Tofu-Typ wäre, der Freitagabends ungeschminkt und mit Birkenstocks vor die Tür ginge. Denn zu viel Natürlichkeit braucht kein Mensch. Aber die allgemeine Vorstellung der vollendeten Weiblichkeit verdeutlicht sich gerade bei Betrachtung weiblicher Tinder-Profile, sie wird immer einheitlicher.

Natürlich gebe ich jetzt nicht zu, dass auch ich schon Tinder-Männer vor Real-Life-Dates gefragt habe, wie groß sie sind. Aus Angst, sie könnten zu klein sein. Die Frage ist aber: Wofür eigentlich zu klein? Warum dachte ich bis vor fünf Minuten, dass ein kleiner Mann irgendwie durchs Raster fällt? Habe ich je darüber nachgedacht, warum das ein Problem sein könnte? Nein. Habe ich nicht. Klassischer Fall von überholtem Beuteschema. Und ja, Teil zwei der Antwort lautet: Es ist kein Problem.

Leo und ich debattieren über die wichtigsten Wünsche von Männern und Frauen. Keiner will sich schließlich die Blöße geben, auf perfekte Möpse oder dicke Geldbeutel zu stehen, sagt er. Deswegen werde auf Onlineprofilen unter anderem mehr und mehr über innere Werte debattiert. Es werden seitenlange Profile mit Hobbys, Gewohnheiten, spirituellem Status und Bildungsstandards erstellt, die per Algorithmen dann Matching Points erstellen.

»Was denkst du: Wie viele Matching Points hätten wir?«, frage ich ihn.

»100 von 100,« sagt Leo. »Hättest du bei Tinder auf ›like‹ gedrückt, bei mir?«, will er wissen. Ich weiß es nicht. »Wenn ich meine Größe dazugeschrieben hätte?«, bohrt er weiter.

»Und, wie groß bist du denn?«, frage ich.

»Und, wie alt bist du eigentlich genau?«, fragt er.

»Und, was verdienst du so im Jahr?«, frage ich.

»Und, was wiegst du so?«, fragt er.

Wir lachen.

Apropos Alter: Männer mittleren Alters sind ja die schlimmsten Feinde von Frauen mittleren Alters. Ich frage ihn, warum wir ausgerechnet von unserer wichtigsten Zielgruppe diskriminiert werden: »Ist es wahr, dass ihr Männer topgebotoxte Nicole Kidmans wollt? Oder am liebsten gleich Studentinnen?« Ich zeige auf seinen Currywurst-&-Bier-Bauch. »Und willst du eine Frau, die Salat nur ohne Dressing isst?«

Das nicht. Aber Hängebrüste findet er zum Beispiel halb so schlimm. »Hab ich nicht«, sag ich.

»Hängearsch?«, fragt er. Auch nicht. Vielleicht ein bisschen dick. Aber selbst das stört mich noch nicht einmal selbst.

»Was ist das Schlimmste, was Männer falsch machen, beim Onlinedating?«, fragt er.

Ich: »Vieles, sehr vieles. Aber richtig schlimm, schlimmer als Autos, Motorräder oder Ex-Freundinnen mit Smileys auf dem Gesicht? Sinnsprüche! Gerade auf Männerprofilen sehe ich in letzter Zeit ständig dieses Zitat, was für mich das Gegenteil dessen impliziert, was es sagen möchte: nämlich einen IQ im Minusbereich. Kennst du den: ›Das wichtigste Geschlechtsorgan des Menschen ist das Gehirn.‹ Pfui, Spinne. Da denk ich als Frau nämlich nicht: ›Juhuu, endlich mal ein Mann, der auf intelligente Frauen steht.‹ Nein. Da frag ich mich: Warum muss man diese Selbstverständlichkeit überhaupt noch extra betonen? Funktioniert sein primäres, männliches Geschlechtsorgan vielleicht nicht mehr? Oder sucht er eine Frau, die beim Date ihr Essen selbst bezahlen kann und später dann generell ihr gemeinsames Leben? Und darf sie dafür richtig schön hässlich sein? Sicher nicht!«

Leo gibt mir Recht. Sinnsprüche seien fast ausnahmslos als sinnfrei decodierbar. Kein Zusammenhang, keine Kausalität, an Banalität kaum überbietbar. Selbst wenn sie angeblich vom Dalai Lama, dem Papst oder Paulo Coelho sind. Was eh nicht stimmt, sondern unzulässig aus dem Zusammenhang gerissen wurde.

Also bitte: Schwestern, Brüder, Queers und Transgender und Angehörige des dritten oder vierten Geschlechts, die ich noch vergessen habe: Hände weg von Leuten, die Sinnsprüche posten.

Leo glaubt, dass das hohe Angebot an Singles einerseits den Markt generiert, aber andererseits immer mehr unvermittelbare Singles produziert. Weil die Ansprüche der Menschen vor allem auch durch Tausende Profile, die nichts mit der Realität zu tun haben, immer höher werden. Singlebörsen platzen aus allen Nähten. Und hinterlassen unendlich viele unzufriedene Menschen.

Wie kann man das ändern? Leo ist der Meinung, man muss die Menschen vom Optimierungswahn wegbringen. An sich selbst und an anderen. Das heißt natürlich auch, wir müssen unser Beuteschema generalüberholen. Toleranter werden. Das Wunschbild des Partners in spe neu definieren.

»Also, ich schlafe zum Beispiel heute Nacht ein und werde denken: ›Scheiß auf große Männer. Länge wird total überbewertet. Brauch ich alles nicht mehr … außer natürlich in diesem Bereich …‹ «

Wow, Shit, hab ich das jetzt echt gesagt? Hab ich mich blitzverliebt?

Leo rollt die Augen nach oben. »Wie schon gesagt, ich bin der Hauptgewinn. In jeder Hinsicht …«

So weit sind wir also. Die Sache ist die: Ab einem gewissen Promillepegel weiß ich nicht mehr, ob das davon kommt. Auch wenn ich mir in dieser Sekunde sicher bin: Das funkt gerade so was von.

»Wenn du selbst eine Frau wärst, wärst du in dich verliebt?«, frage ich.

»Ich BIN ich mich verliebt. Dafür muss ich doch keine Frau sein«, sagt er.

»Na gut, auf's Verliebtsein …«, sage ich und erhebe mein Glas.

»Cheers … auf den Hauptgewinn!« Mal sehen, wie lange das anhält.

Bei geschätzt 1 Promille ruft Leo ein Taxi.

Rike kann kaum noch stehen, die Idee des Cowboys, gemeinsam einen Elektroroller zu nehmen, ist nur so mittelgut. Leo kann es gerade noch verhindern.

Er gibt den beiden unser Taxi. Als er Rike hinten auf die Rückbank in den Wagen bugsiert, bleibt kurz ihr Pailettentop an Thomas Regenschirm (!!!) hängen, so dass alle Beteiligten ein, zwei Sekunden lang den Blick auf Rikes perfekte entblößte Brust genießen können. Ob sie echt noch Sex hat? Ich bin gespannt auf ihren Anruf, morgen.

KAPITEL 5

DIE KLEINE LIEBE

Er ist klein – sehr klein. Wie ich mit Mr. Little mit 180 Sachen ins nächste Abenteuer rase. Und warum auch die schlausten Männer und Frauen sich wegen vermeintlicher körperlicher Defizite permanent selbst sabotieren.

Im vierten Jahr nach meiner Trennung habe ich begriffen: Irgendetwas ist immer, was uns am potenziellen, eventuellen neuen Partner stört. (Oder ihn an uns.) Dabei weiß doch inzwischen jeder, dass Liebe mit den Eigenschaften von der Wunschliste der Datingportale nichts zu tun haben. Wir verlieben uns ja nicht trotzdem, sondern gerade deswegen in das Einhorn auf der Pferdeweide.

In der Nachbesprechung mit der besten Freundin können wir dann immer noch überlegen, ob es am Einhorn des Einhorns lag, dass wir uns ver- oder meinetwegen auch wieder entliebt haben. Ob er uns zu jung, zu ungebildet, zu klettig, zu rechthaberisch, zu machohaft, zu weich, zu unernst, zu eitel oder zu geizig, zu pleite, zu groß oder zu langweilig war. Frauen sind kreativ, wenn es darum geht, männliche »No Gos« aufzuzählen. Männer sagen dann eher: »Och, hat halt nicht gepasst«, und verkneifen sich den spitzen Kommentar zu ihrem dicken Hintern. Vor allem, wenn sie überhaupt »rangelassen« wurden, scheinen sie erstmal zufrieden zu sein.

Richtig ungehalten werden sie oft, wenn sie merken, dass sie eh keine Chancen haben. Kein Mann gibt gerne zu, wenn die Trauben gegenüber zu hoch hängen. Dann waren sie im Nachgang »eh verdorben«, wie in der Fabel mit dem Fuchs. Ein Freund aus der Nachbarschaft fuhr unlängst zu einem Tinder-Date, das aussah wie Lena Gercke. Ich wusste, als er mir ihre Fotos zeigte, dass er abblitzen würde. Ich zu ihm (nachdem ich um meine Meinung gefragt wurde): »Ich wette 'ne Flasche Champagner, das wird nichts.« Er: »Wette angenommen. Aber nicht, dass du den Aldi-Schampus kaufst.« ›Typisch Mann‹, denk ich, ›träum mal weiter.‹ Als ich ihn später anrief, um ihn zu fragen, wie es war, meinte er: »Och nö. War nicht so doll. Komische Stimme. Hat sich auch so komisch bewegt. Weißt ja, wie das live dann rüberkommt ...« Er klang richtig genervt. Wenn sie nur halb so schön war wie auf den Bildern, hat sie nicht einmal ihren Eistee in seiner Gegenwart ausgetrunken.

Aus vielen weiblichen Onlineprofilen geht von vornherein klar hervor: Außer dem Labradoodle wird kein männliches Wesen geduldet, bei dem der Abstand zwischen Sohle und Scheitel, falls vorhanden, nicht mindestens 1,80 Meter beträgt. Sind es noch zehn Zentimeter weniger, werden die (Vor-)Urteile gnadenlos: Zwerg, Komplex auf zwei Beinen, klein ist auch kleingeistig, aber meist mit Größenwahn.

Jede hat ihren Senf dazu zu geben, was es bedeutet, einen kleinen Mann zu haben. Ja, jede hat irgendwann einmal einen geküsst, der kleiner war als sie selbst, mindestens einmal im Leben. Die Meinungen dazu bewegen sich auf einer Klaviatur zwischen: »Warum kleine Männer gar nicht gehen« bis hin zu »Warum gerade kleine besonders toll sind«. Wenn sich eine für einen ausgesprochen kleinen Mann entscheidet, fällt jedenfalls immer das Argument seiner Körpergröße in die Waagschale. Als würde ihm diese »absolute« Eigenschaft fehlen, wie dem ersten Geiger das absolute Gehör. Diese Eigenschaft, die ihn nach grober Meinung des Volkes erst zum Mann macht. Die er jedoch mit einer besonders herausragenden, anderen Eigenschaft, ausgleichen muss. Wie bei fehlerhafter Ware, die man im Laden billiger haben will. Also gibt es allerhand Legenden über kleine Männer: Haben einen großen Penis. Geben sich im Bett besondere Mühe. Haben besonderen Ehrgeiz im Job. Sind besonders künstlerisch begabt. Sind Schauspieler. Sind Schriftsteller. Unterm Strich: Napoleon lässt grüßen und kann die ganze Welt erobern.

Auch Mathias, mein Jugendfreund, gehörte zu den Zukurzgekommenen. Mit 15 saßen wir einmal bei der Unterstufenparty auf der Ersatzbank. Er hatte eine Zahnspange und war klein. Mich hatte gerade ein Junge Bügelbrett genannt, weil meine Brüste auf sich warten ließen. Er sitzt immer noch auf der Ersatzbank. Er ist ein Supertyp, klein und klug mit Sommersprossen. Er sucht eine Partnerin, die genauso groß ist wie er, dazu noch intelligent, witzig, extrem hübsches Gesicht. Er könne selbst kochen und brauche keine Hausfrau. Das Problem: Er ist mit 1,66 Metern Körpergröße sehr klein – für einen Mann.

Bis jetzt, Mitte 40, hat er immer noch keine Frau »auf Augenhöhe« gefunden. Eines hat er dabei übersehen: Eine Frau seiner Größe entspricht hierzulande dem Durchschnittsmaß. Eine zierliche Akademikerin mit sehr hübschem Gesicht kann sich die Männer aussuchen. Er versteht nicht, warum all das, was er selbst bieten kann, für ihn nicht erreichbar ist. Er kann gar nicht mehr zählen, wie oft er schon gehört hat: »Wenn du unter 1,80 Meter bist, brauchst du nicht schreiben.«

Obwohl ich selbst eher groß bin, habe ich gegen kleine Männer rein optisch nichts einzuwenden. Bis dato war es ein Vorurteil, den ich unreflektiert übernommen habe. Irgendwie erinnern mich kleine Männer an meinen ersten Teddy Brummi. Mit sieben hab ich mich Hals über Kopf in Brummi verliebt und ihn aus einem Spielwarenladen einfach entführt; die Verkäuferin und meine Mutter mussten mich mitsamt dem Bären auf der Straße einfangen. Er war teuer damals und fast so groß wie ich. Kurze Zeit später lag er unterm Weihnachtsbaum. Bis zu meinem zwölften Lebensjahr war er immer dabei. Er gehört jetzt Ben. Brummi fehlt eine Pfote, er hat keine Augen mehr. Und ich liebe ihn immer noch.

Später, als ich im Engtanz-Alter war, haben mich sowohl zu große als auch zu kleine Jungs gleichermaßen genervt. Mit diesen langen Latten musste man den Kopf in den Nacken legen und bekam einen steifen Hals. Mit den kleinen konnte man keinesfalls knutschen und sah über deren Köpfe hinweg, wie andere Tänzer sich lustig machten, weil das einfach nicht aussah.

Und daran liegt es grob gesagt bis heute, dass 60 Prozent aller erwachsenen Menschen zwischen 30 und 60 Jahren Singles sind. Es liegt nicht daran, dass Frauen kleine Männer nicht attraktiv oder Männer etwas pummelige Frauen nicht hübsch finden. Sondern am Statusdenken. Was »vorzeigbar« ist und was nicht. Genau das Prinzip, nach welchem kein Mensch je mit einem anderen glücklich wird. Was man liebt, soll einem selbst gefallen. Egal, was die anderen sagen.

Jetzt, Jahrzehnte nach dem ersten Engtanz, ist Leo für mich der Inbegriff von Sexyness. »Pass auf mit kleinen Männern …«, wird meine Mutter sagen. »Solange er dich in den Urlaub einlädt …«, wird Claire sagen. »Wenn das Universum euch füreinander bestimmt hat …«, wird Rike sagen.

Doch zurück zu unserem Abend: Nachdem wir Rike und Thomas unser Taxi abgetreten haben, bestellen Leo und ich uns ein neues Taxi. Und teilen es uns. Er wohnt ein Stück weiter westwärts, auch in den Elbvororten. Er benimmt sich perfekt. Drückt mir keinen Kuss zum Abschied auf. Lässt mich keine anteilige 10 Euro fürs Taxi zahlen. Fragt rechtzeitig vor dem Ausstieg nach meiner Nummer. Und dann kommt leider schon der erste Stolperstein.

Unser erstes Date findet erst 16 Tage später statt. Ich meine 16 Tage! Wenn man sich vermeintlich frisch verknallt hat an einem Abend, sind 16 Tage verdammt lang. Ja, eine halbe Ewigkeit. Er hat zweimal abgesagt. Dann ist mein gutes Bauchgefühl, was ihn betraf, weggebrochen.

Sicher, ich verstehe es ja, wenn ein Chirurg einen Notfall reinkriegt und dann länger im OP bleiben muss. Kommt vor. Aber Leos spontane Date-Absagen nach dem Motto »Sorry, zu doll gefeiert gestern, geht heute nicht« klingen wie »Mein Goldfisch hat Schnupfen«. In Klammern: Ich habe die geistige Reife eines 15-Jährigen. Schließlich wusste er, bevor er sich einen Kater zuzog, dass er mit mir verabredet war.

Für den dritten Anlauf eines Dates mit mir, als ich bereits leicht genervt bin, verlässt er den 75. Geburtstag seiner Mutter noch vor dem Abendessen. Was ich zwar schmeichelhaft, aber auch irgendwie irre finde. Doch wahrscheinlich tut er es nur deshalb, weil er »Forelle blau mit Salzkartoffeln« nicht ausstehen kann und lieber was Richtiges essen will. Und nicht wegen mir.

Wir treffen uns bei einem Italiener auf St. Pauli, nur sechs Tische, drei Gerichte, mit rot-weiß karierten Tischdecken und Kerzen auf dem Tisch. Genau mein Ding. Als ich die Trattoria etwa zehn Minuten zu spät betrete, springt Leo wie ein Flummi vom Stuhl, fast ist es ein Purzelbaum. Er trägt Nadelstreifenanzug (Grund: Mamas Geburtstag) und handgenähte Schuhe. Er nimmt mir die Jacke ab, schiebt den Stuhl zurecht, seine Augen flackern wie die eines Halloween-Kürbisses mit Innenbeleuchtung.

»Wow, so, wie du aussiehst, würde ich überall mit dir hingehen …«, sagt er. Ich muss an Brummi denken. Ich trage roten Lippenstift, ein dunkelgrünes Glitzertop und einen langen Rock. Und die flachsten Schuhe, die ich finden konnte. »Ich aber nicht mit dir«, denke ich. Er sieht aus wie ein Zirkusdirektor, nur ohne Zylinder und Einstecktuch. »Echt?«, frage ich. »Auch in die Stangentanzbar?«

Memo an mich: erst denken, dann reden! Gerade er, der sich von morgens bis abends mit Zielgruppen für Dating-Apps befasst, versteht genau, was ich zwischen den Zeilen gesagt habe: Mutti will auf die Kacke hauen! Ist freiwillig aus der grünen Großbürgerhölle in den Sündenpfuhl der Stadt gekommen. Im Glitzertop. Und lässt bereits im ersten Satz ihren übertrieben roten Lippen das Wort »Stangentanzbar« in die Nacht über St. Pauli entfleuchen.

Genauso hätte ich sagen können: »Später Sex, geht klar.«

Unser Dialog ist wie ein Tennismatch. Wie am ersten Abend. Wenn einer im Netz landet, hebt der andere ihn auf. Fließend. Nachdem wir uns die Bäuche mit Walnusspesto und Brunello vollgeschlagen haben, zieht er eine Geldklammer, mit der Gravur »Schwarzgeld« aus seiner Sakkotasche, die vor Scheinen überquillt. Ist das ironisch gemeint? Ist das Geld etwa echt? Was soll's, solange er unser Essen damit bezahlen kann …

Wenn ein Mann mir gefällt, darf er gerne beim ersten Date das Essen zahlen. Wenn nicht, dann zahle ich lieber selbst. Und wenn er nicht bezahlt, gefällt er mir auch nicht mehr. So einfach. Wir gehen raus, auf die Straße. Leo geht auf der Kante des Bürgersteigs und arrangiert mich dicht neben sich, so dass ich auf der Straße gehen muss. So sind wir fast gleich groß.

Er geht zielstrebig auf eine Stripper-Bar auf der Großen Freiheit zu, puffmäßig plüschig, Diskokugel, rappelvoll. Thaimädchen tanzen so gut wie nackt zum 80s Sound auf kleinen Podesten zwischen den Tischen. Die Stühle sind mit dunkelrotem Lackleder überzogen, an der Theke ist viel Bronze und Gold, der Barkeeper behandelt uns wie VIPs. »Bist du hier Stammgast?«, frage ich Leo. Der untersetzte Typ mit Geldklammer und etwas Pomade im Haar passt perfekt zum Inventar dieser halbseidenen Bar.

Wir setzen uns auf zwei Barhocker. Leo bestellt Gin Tonic mit einer speziellen Gin-Sorte, von er ich noch nie gehört habe. (Bete, dass er nicht 20 Euro kostet! Bete, dass er nicht drei davon bestellt, denn nachher bin ich ja dann mal mit Bezahlen dran.) Ich bestelle die Weinkarte. »Bleib sitzen«, sagt er und stellt sich neben mich. Augenhöhe. Während er steht und ich sitze, schaut er mir tief in die Augen – gleich hoch. Legt eine

Hand auf meine Schulter und erklärt mir die Weinkarte. Es scheint, als kenne er jeden einzelnen Wein. Oder tut er nur so?

Als ich aufstehe und zur Toilette gehe, setzt er sich wie vom Blitz getroffen zurück auf seinen Hocker. Kann er keinen Moment einfach neben mir stehen? Und einfach damit leben, dass er kleiner ist als ich? Oder ist das Zufall? Als hätte ich nicht längst bemerkt, dass die Differenz zwischen uns beiden rund zehn Zentimeter beträgt. Hatten wir das Thema nicht am ersten Abend direkt abgehakt? Ich vielleicht. Er mit Sicherheit nicht.

Ich war mit 14 schon so lang wie jetzt und mit Abstand das größte Mädchen in meiner Klasse, größer als alle Jungs. Ich war kreidebleich und hatte Pickel. Erst viel später, gefühlte 100 Jahre später, als ich 17 war, als die Jungs mich endlich überholt und ein paar Mädchen mich eingeholt hatten, als die Pickel weg und die Brüste langsam, aber sicher größer wurden, fühlte ich mich endlich wie eine der Blumen auf der Frühlingswiese. Also noch immer nicht wie eine Margerite, aber wenigstens wie eine Butterblume oder eine Schafgarbe. Davor war ich nur ein Grashalm.

Nach dem Abi zog es mich in die große weite Welt, die Stadt der Liebe. Was ich besonders liebte, waren jedoch Pains au chocolat und fromage blanc, alles andere war zu teuer. Im Freibad, den Butte-aux-Cailles konnte ich meinen Po nicht mehr von hinten präsentieren und habe immer gewartet, dass andere vor mir gingen, um ja die Letzte in der Schlange zu sein. Vor allem stellte ich mich nie neben französische Freundinnen, die nicht nur aussahen wie Audrey Tautou, sondern auch den Stil der Pariserinnen hatten. Neben ihnen sah ich aus wie der große Krieger mit den roten Zöpfen aus *Asterix*. Oder zumindest fühlte ich mich so.

Rund ein Jahrzehnt später wurde ich ohne Grund oder Essstörung so dünn, dass ich mich beim Onkologen vorstellte. Abends steckte ich Polster vor meine neuerdings zu A-Körbchen geschrumpften Brüste und ging immer sehr vorsichtig, damit nichts verrutschte. Obwohl ich nur noch knapp über 50 Kilo wog, war mein Bauch immer noch da. Der Onkologe meinte, so wenig seien 50 Kilo auch wieder nicht, wohl einfach eine hormonelle Störung. Kurze Zeit später war ich wieder normal. Seit meiner ersten Schwangerschaft sind immense Gewichtsschwankungen meine ständigen Wegbegleiter. Zurzeit halte ich wieder stets meine Tasche vor den Bauch, binde Pullover um die Hüfte und achte darauf, dass keiner mich von unten fotografiert (wegen des Doppelkinns). Mein Bauch ist eigentlich IMMER da, auch in schlanken Phasen. Wie eine Behinderung. Als hätte ich einen Ballon verschluckt, der nach dem Abendessen aufplatzt wie ein Airbag beim Aufprall. Ich will nur sagen: Ich weiß genau, wie es sich anfühlt, mit körperlichen Makeln durch die Gegend zu gehen. Wobei ich das durch Diäten oder Sport zumindest jederzeit loswerden könnte. Leo jedoch nicht. Er muss damit leben.

Apropos Bauch: Auf der Toilette sehe ich, warum er heute wieder mal extrafett ist. Die Tage kommen, wie immer, ungelegen. Zurück vom Waschraum, zurück auf meinem Barhocker. Leo bringt sich in dieselbe Position wie zuvor. Legt eine Hand um meine Hüfte, die ich in Richtung Rippe schiebe, weil Hüfte zu speckig. Wenn er seine Hand in Richtung Bauch schiebt, schiebe ich sie Richtung Bein. Wenn das so weitergeht, gibt es bald keine Stelle mehr an meinem Körper, wo ich Männerhände hinschieben kann. Auch Händchenhalten geht nicht, weil ich Schwitzhände habe. Außer im Winter auf der Skipiste, wenn andere Leute Handschuhe tragen und kein Mensch Händchen hält. Dann geht es. Also noch so ein körperliches Handicap. Ich kann mich an keinen Moment erinnern, in dem ich nicht meine Hand weggezogen hätte, wenn ein Mann versuchte, seine Hand auf meine zu legen.

Leo hat Wein bestellt. Hinter den Flaschen über der Bar ist ein Spiegel. Er prostet mir, auf Tuchfühlung hinter mir stehend, im Spiegel zu. »Wir sind doch ein schönes Paar, oder?«, sagt er. Paar? Wieso denn Paar? Ich denke unwillkürlich an das Geräusch, wenn schwitzige, dicke Bäuche beim Sex aufeinanderklatschen. Es klingt wie Caspars Arschbomben im Sommer im Pool.

Soll ich ihm jetzt sagen, dass es mich nicht stört? Das mit seiner Größe? Dass er sich nicht anstrengen muss, das zu verbergen, weil ich es eh längst bemerkt habe? Oder ist das unsensibel? Ich entscheide mich dagegen. Leo sagt: »Komm« und zieht mich an der Hand vom Barhocker zu einem der Tanzpodeste.

Steht wieder mal keine zehn Sekunden neben mir, fasst mit einer Hand auf die Chrom-Erhöhung und springt wie ein Frosch neben ein tanzendes Thaimädchen mit weißer Pretty-Woman-Perücke. Die Frau trägt Kindergröße, ist höchstens 1,55 Meter groß, hat Brüste wie Red Delicious, ihre Pobacken sehen aus wie eine Hansesemmel, ihre Taille hat den Umfang einer Scheibe Schwarzbrot. Leo liefert neben ihr den perfekten Stangentanz. Sie lacht sich kaputt über ihn, der neben ihr groß und kräftig wirkt. Wie ein Limbotänzer windet er sich unter einer Querstange hindurch, zieht mit koketten Bewegungen sein Sakko aus, schwingt es propellermäßig über den Kopf hinweg. Die Geldklammer mitsamt Scheinen fliegt quer durch den Raum. Ich renne hinterher. Als ich wiederkomme, ist das Thaimädchen im Begriff, Leos Hemd aufzuknöpfen, während er ihr hüftkreisend einen Fünfer in den Slip steckt. Sie nimmt den 5-Euro-Schein wieder raus und steckt ihn so umständlich in Leos Hosenbund, dass seine Hose gleich fallen wird. Wirklich lustige Show, für ein erstes offizielles Date. Aus Angst, dass der Tabledance aus dem Ruder läuft, deute ich ihm an, auf seine Hose zu achten, die im Begriff ist, runterzurutschen.

Die Möglichkeit, jetzt mitzutanzen, und ihn langsam vom Podest zu ziehen, entfällt. Nicht nur, weil ich Leos Sakko, meine Handtasche und seine Geldklammer in der Hand halte und das nicht einfach weglegen kann, ohne dass sofort alles geklaut ist. Vermutlich würde ich ihm als »Größte« auf seinem Podest voll in die Parade fahren. Er will auch gar nicht, dass ich da hochkomme und mittanze. Er will vor mir tanzen, sich drehen und mit der Hüfte wackeln, auf mich herunterschauen und zusehen, wie ich ihn klatschend bewundere.

Ich mache ihm ein Zeichen, jetzt runterzukommen. Er gehorcht, jedoch nicht ohne ausgiebige Verabschiedung von seiner Co-Tänzerin, die er an sich zieht und sie mitten auf den Mund küsst, während er sein Hemd wieder zuknöpft. Scheiße, wenn ich das Rike erzähle. Wo ordnet sie diesen Tabledance ein?

»Na? Wie war ich?«, fragt er, während er neben mir auf dem Boden landet und mich zügig zurück an die Bar schiebt. Wundert es mich jetzt, dass er solche Fragen stellt? Oder passt das? Ohne zu überlegen, sage ich: »Du ... warst einfach fantastisch!« Für diese Performance, für die ihm jede Ehefrau von der Elbchaussee eine geschallert hätte, will er jetzt auch noch von mir Applaus haben. »Ihr saht so was von perfekt zusammen aus, du und die Thaipuppe. Als würdet ihr das öfter machen«, sage ich daher.

Wir gehen zurück an die Bar, erheben unsere Gläser.

»Ja, cheers. Noch mal auf dich, Hauptgewinn!«, sage ich, meine ich aber nicht. Er sieht geschmeichelt aus. Ich habe – wieder mal – das Gegenteil dessen gesagt, was ich eigentlich denke. Es war einfach eine Scheißnummer für ein erstes Date. Kein Mann, der sich ernsthaft für eine Frau interessiert, tut so etwas. Oder hält er mich für so abgeklärt? Das Dumme ist: Ich habe das Wort Stangentanzbar als Erste gesagt. Auch die vage Möglichkeit einer Diskriminierung der Frauen, die hier arbeiten, kann ich jetzt nicht anführen, um den dumpfen Schlag in meiner Magengrube zu erklären. Was auch Schwachsinn ist. Keine von ihnen wird dazu gezwungen. Ihr Stundenlohn ist akzeptabel, es gibt keinerlei Extraservice im Hinterzimmer, wir sind weder im Puff noch im Swingerclub. Und doch geht mir die plüschige Atmo der Bar plötzlich gewaltig auf die Nerven; ich fühle mich billig, entwertet durch den Ort, an dem ich bin.

Ab wann muss ein Mann »Nein« sagen, wenn eine Frau im Überschwang oder aus Verlegenheit, sei es nur, um kurz etwas Lustiges zu sagen, etwas Abwegiges vorschlägt? JA, es war ein Witz! Gerade beim ersten Date muss doch die Grenze des guten Geschmacks eingehalten werden. Aber er hat, im Gegenteil, meinen Moment der Schwäche ausgenutzt und die Schlüpfrigkeit des Abends auf die Spitze getrieben, und mit der Thaifrau auf dem Podest in der Öffentlichkeit beinahe eine Kopulation simuliert. Soll das vielleicht cool sein?

Ist das jetzt ein unorthodoxes und absolut undogmatisches Date mit einem Lebemann, der beim letzten Mal bereits so viel Intelligenz und Eloquenz bewiesen hat, dass es für das kommende Jahr genügen sollte? So dass es absolut okay ist, heute einfach nur total übertrieben Spaß zu haben? Er wirkt wie ein kleiner Junge, der alles anfasst und mitnimmt und ohne Rücksicht auf Verluste genau das tut, was ihm spontan gefällt.

So wie auch jetzt: Er stellt sich vor mich und fängt an, mich zu küssen. Seine Küsse schmecken nach Gin und Tabak. Das kann für immer so weitergehen. Es ist eh das Einzige, was zählt, weil Worte alles immer nur schlimmer machen. Wir küssen uns draußen weiter, auf dem Parkplatz. Er drückt mich gegen die Motorhaube einer tiefergelegten Kiez-Karre, einen Manta oder so was, wir machen ziemlich doll rum. Doch es ist November und arschkalt und er macht Gott sei Dank keine Anstalten, mich auf einem dunklen Parkplatz auf St. Pauli auf einer Motorhaube zu vögeln. »Soll ich ein Taxi rufen?«, fragt er.

Ich sage: »Ja, bitte, ich glaub, ich muss ins Bett.«

»Nur kein Stress!«, sagt er. »Wir haben so was von keine Eile.«

Jetzt geht er hinter mir in Richtung Taxistand und hat beide Hände auf meine Brüste gelegt, was irgendwie lustig ist. Wir gehen im Gleichschritt. »Ich wollte übrigens nicht, dass unser erstes Mal auf einer Motorhaube stattfindet«, sagt er. »Nicht, dass du das denkst.« Wir küssen uns noch ein paar Minuten im Taxi vor meiner Haustür.

Ich: »Gib mir drei Tage.«

Er: »Ich gebe dir alle Zeit der Welt.«

Gegenwärtiger Geisteszustand: leicht sexualisiert ist stark untertrieben.

Leo: »Schlaf dich aus. Und ruf mich morgen an.«

Ich: »Oder du mich. Du rufst mich an. Ich bin die Frau.«

Leo: »Dein Ernst? Darüber, wer wen anruft, wollen wir jetzt noch debattieren? Du spinnst ja total.«

Das war unser erster Streit, noch vor dem ersten Sex. Dann steige ich aus, winke ihm hinterher und bemühe mich um einen aufrechten Gang. Was kann er anderes denken als: »Die hab ich!« Und zwar mit Recht. In den nächsten Tagen gehe ich mit so starkem Druck im Unterbauch durch die Gegend, dass ich es kaum erwarten kann, endlich mit ihm ins Bett zu steigen. Von wegen nur Männer platzen fast, wenn sie keinen Druck ablassen können.

Und anders als die meisten Männer haben wir Frauen eben nur Lust auf genau das eine Objekt der Begierde. Also nicht auf irgendeinen Mann, der einen von dem Druck erlösen kann, sondern nur auf diesen einen. Ein Gefühl, das oft in rasende Verliebtheit mündet, wenn es sehr stark ist. Ich kann mich auf nichts mehr konzentrieren, außer darauf, dieses fest sitzende Hatschi endlich abzuniesen. Und das, obwohl nur einmal ganz kurz meine Hand auf seinem Schwanz liegt – im Taxi, oberhalb seiner Calvin-Klein-Unterhose. Als Teaser hat es gereicht. Wie soll das erst werden, wenn es wirklich zum Äußersten kommt?

»Mama, warum grinst du eigentlich die ganze Zeit? Du siehst aus wie Hotti«, sagt Caspar in den Tagen danach. Hotti ist Bens Anziehpuppe, er hat rotes Haar, extrem lange Wimpern und ein selten dämliches Grinsen im Gesicht. An dieser Puppe hat Ben gelernt, eine Schleife zu binden, Reißverschlüsse und Druckknöpfe auf- und wieder zuzumachen. Zwar kann er das jetzt alles. Nützt aber nichts. Denn an sich selbst, behauptet Ben, ginge das nicht, weil bei ihm selbst alles falsch herum ist. Schnürsenkel binden, Reißverschlüsse zuziehen, alles spiegelverkehrt. »Ich bin jetzt dein Hotti«, sagt Ben, wenn er nackt vor mir steht und wartet, dass ich ihn anziehe. Das macht er seit Jahren so.

Irgendwann wird er sich allein anziehen. Es gefällt ihm, bedient zu werden. Ist eben ein Junge. Obwohl. Meine Mutter sagt: »Du warst das einzige Mädchen, das sich nach dem Ballettunterricht von seiner Mutter anziehen ließ. Die anderen in der Mädchenankleide fragten, ob ich dich anziehen muss, und du hast Ja gesagt. Dir war es nicht peinlich. Erst als du zwölf warst, durfte ich dich nicht mehr nackt sehen.« Tatsache, der Übergang von Ballettmädchen zu Periode und Pickeln war übergangslos. Und dann geht es eh alles viel zu schnell. Das denkt jede Mutter, deren Kind plötzlich in der Pubertät angelangt ist.

Manchmal frage ich mich, inwieweit das die Sexualität eines Erwachsenen prägt, der sich bis zum elften Lebensjahr als Anziehpuppe fühlt? Ist das Teil der Wurzel, ob wir später aktiv oder passiv, devot oder bestimmerisch werden? Im Alltag der Paarbeziehung und auch im Bett?

Die Tage, bis Leo und ich uns wiedersehen, erscheinen mir endlos. Unsere WhatsApp-Wechsel sind aufgeheizt, er lässt mich ein bisschen schmoren. Bis er mich Donnerstagabend zu sich nach Hause einlädt. Er will Grünkohl machen – mit Würstchen und Speck. Er hätte auch Wienerle mit Kartoffelsalat anbieten können. Ich wäre so oder so gekommen.

Es regnet wieder mal in Strömen. Diesmal trage ich Highheels, ohne Rücksicht auf seine Größe. Ich klingele gegen 20 Uhr an der Haustür seiner Dachwohnung. Okay, als kleiner Mann stören ihn die Dachschrägen vielleicht nicht so sehr. Er öffnet, diesmal zum Glück nicht im Zirkusdirektoroutfit, sondern leger, in Jeans und Hoodie.

Er nimmt mir die Flasche Crémant aus der Hand, nimmt meine Hand, küsst mich direkt auf den Mund, zieht mich zur Wohnungstür herein, Richtung Küche, und stellt die Flasche in den Kühlschrank. »Zieh die Schuhe aus«, sagt er. »Und am besten auch direkt den Rest. Du bist ganz nass.« Auf der Anrichte liegt eine Tüte Grünkohl, ein Brettchen mit Messer und angeschnittenen Zwiebeln und Speck. »Hier?«, frage ich und lasse meine Strickjacke fallen. Er drückt mich neben dem Zwiebelbrett auf die Anrichte und knöpft langsam meine Bluse auf, küsst mein Dekolleté. Mir wird schwindelig, ich halte mich mit beiden Händen an der Anrichte fest, während er mit einer Hand meinen BH öffnet und zwei Sekunden später den Bund meiner Strumpfhose ertastet und sie mit einem Rutsch herunterzieht. So sitze ich zehn Minuten, nachdem ich die Wohnung betreten habe, nur noch in Unterhose auf seiner Arbeitsplatte zwischen Zwiebeln und Speck. Meine Strumpfhose baumelt noch an den Füßen herum, während er beginnt, seine Jeans aufzuknöpfen. Ich registriere die heftige Wölbung in seiner Unterhose. »Oder willst du lieber ins Bett?«, fragt er.

»Auf keinen Fall«, sage ich.

»Runter damit«, sagt er und schiebt meinen Hauch von einem Spitzenhöschen in Richtung Knie. Dann umfasst er meinen Po mit beiden Händen und zieht mich langsam an sich.

Wir küssen uns die ganze Zeit, während er mich vor mir stehend auf seiner Arbeitsplatte vögelt. Ich bin so, wie soll ich sagen, so was von fällig. Er fragt, was er tun soll, damit ich komme. Nichts, einfach weitermachen, Klappe halten, das, was er hat, füllt mich absolut aus. Kurz bevor ich komme, wird es noch mal etwas karnickelmäßig, dann stöhne ich, kann großen Hunger vermelden. Diesmal echt auf Grünkohl. »Wow, du bist schnell«, sagt er. Ja, entweder schnell oder gar nicht. Dann holt er ein Kondom aus dem Badezimmer und vögelt mich noch rund zwei Minuten, bis er dann auch fertig ist. Ja verdammt, ich hätte viel früher darauf bestehen müssen. Es war wie Teeniesex. Ich in drei Minuten fertig, er in fünf. »Cool«, sagt Leo. »Dann können wir ja jetzt erstmal essen.«

Wir schneiden gemeinsam Zwiebeln fertig, köpfen den Crémant und essen anschließend. Es fühlt sich an wie die Ruhe nach dem ersten Sturm. Danach legen wir uns eine Weile auf sein Bett und erzählen aus unserem Leben. Gegen 1 Uhr morgens frage ich, ob es okay ist, wenn ich jetzt gehe. Er wirkt total erleichtert. Auch er könne alleine einfach besser schlafen, wollte mich jedoch nicht rauswerfen.

In den folgenden Wochen treffen wir uns ausschließlich zum Sex. Jedes zweite Wochenende und immer mittwochs, wenn die Jungs beim Vater sind. Ich habe wahnsinnige Lust auf ihn, trotzdem bleibt das Gefühl, das ich auch schon während der ersten Begegnung hatte. In mir erwacht nicht der Hauch einer Bindungssehnsucht. Was einerseits praktisch ist: in ihm nämlich auch nicht! Trotzdem bin ich irgendwie beleidigt, dass er nicht wenigstens ein bisschen in mich verliebt sein kann.

Obwohl er mit Kunden fast täglich in teuersten Restaurants der Stadt abhängt und mir permanent sagt: »Beim nächsten Mal musst du unbedingt mit«, bin ich nicht scharf darauf mitzukommen. Er fragt auch nie konkret, sondern immer genauso diffus: irgendwie beim nächsten Mal ... Ich höre mich allen Ernstes sagen: »Okay, du, kein Thema, wir können uns auch nur zum Vögeln treffen.«

An einem Mittwoch, als wir nach dem Sex gemütlich nackt vor der Glotze liegen, taucht unangekündigt die Kirschkern-Tochter auf. Ich will sie keinesfalls kennenlernen. Was ihm auch ganz recht ist. Eine Dreiviertelstunde sitze ich, spärlich bekleidet in seinem Kleiderschrank und höre, wie er mit der kleinen Kröte über meine Zahnbürste, meine Schuhe, mein Kleid diskutiert.

Kröte: »Sag, ist das Mamas Kleid?«

Leo: »Nein, Schatz, das ist nicht Mamas Kleid.«

Kröte: »Dann muss es ja wohl Lindas Kleid sein? Ist Linda hier? Wo ist Linda?«

Who the fuck ist Linda?, frage ich mich. Na, und was sagt er jetzt? Nichts.

Kröte: »Lindas Kleid kann es auch nicht sein, denn Linda ist ja viel kleiner. Und viel dünner …« Leo, das Schwein. Wer ist Linda?!

Leo: »Also, mein Schatz, meine Damenbesuche gehen dich ehrlich gesagt überhaupt nichts an. Du bist zehn Jahre alt. Wenn du 13 oder 15 bist, erkläre ich dir das vielleicht. Aber auch nur vielleicht. Und jetzt pack deinen Hockeykram und beeil dich, Mama wartet sicher unten.« Hockey. Mama. Linda. Ich könnte kotzen. Direkt in seinen Schrank. Endlich klatscht die Tür von außen zu; ich höre noch, wie die kleine Göre sagt: »Mama hat ja wohl Recht. Ich hab's gewusst. Du bist ein Schwein.« Das arme Kind.

Ich stoße die Schranktür auf, mein linkes Bein ist eingeschlafen, ich humple durch die Wohnung und sammle meine Sachen ein. »Erstmal nichts sagen«, denke ich. Es ist unser viertes Treffen. Oder das fünfte? Ich habe keine Exklusivrechte. Keinen Status. Aber will ich das überhaupt? In Zeiten, wo man selbst nicht weiß, wie alles weitergeht, spricht man solche Dinge nicht offen aus. Auch weil man feige ist. Und sich nicht selbst verletzen will. »Lass stecken«, sage ich, als er ansetzen will, mir zu erklären, wer Linda ist. Ich halte mir demonstrativ die Ohren zu. »Ich bin nicht deine neue Freundin. Wir sind nicht zusammen. Du kannst machen, was du willst.«

Ein paar Tage später sitze ich mit meinen Kindern bei unserem Lieblingsvietnamesen, mitten in Ottensen. Leo ein paar Tische weiter. Mit Frau an seiner Seite: klein. Ansonsten: rotbraunes Haar, grüne Augen, schmales Gesicht, voller Mund. Weder hat sie eine Riesennase noch einen Arsch, der auf zwei Stühle passt. Eigentlich sieht sie aus wie – ich. Ich in kleiner und dünner. Ich bin nicht sicher, ob Leo mich gesehen hat. Er und die Frau an seiner Seite sehen vertraut aus. Seine Hand liegt auf ihrem Arm. Er küsst sie, ein paarmal, zwar nur flüchtig, aber er küsst sie. Jedenfalls weiß ich jetzt, wer Linda ist. »Wer ist denn der Mann da drüben?«, fragt Caspar mich. »Der hat gerade so rübergeglotzt. Aber du tust ja so, als würdest du ihn nicht kennen.«

Tatsache: Die Situation fürs gegenseitige offizielle Vorstellen ist ungünstig. Was soll ich sagen? Guckt, Kinder, das ist der Typ, mit dem Mama manchmal Schackalacka macht. Und das neben ihm ist vermutlich seine Freundin: Linda. Und er? Was soll er ihr sagen? Noch ungünstiger.

Leos WhatsApps und Anrufe in den nächsten Tagen ignoriere ich. Merkwürdig: Aber ich will das Ganze nicht erklärt haben. Es gibt auch kein Missverständnis. Was will er auch sagen? Die Frau im Restaurant war weder seine Schwester noch seine Ex. Sie war, ganz klar: Linda. Und Linda ist, wie ich durch ein paar Recherchen in den nächsten Tagen erfahre, seit etwa zwei Jahren seine feste Freundin. Direkt seit seiner Trennung. Kontakterin in seiner Agentur. Kein Kind, auch geschieden, ein Jahr jünger als ich.

Tage später, an einem Mittwoch, der eigentlich immer unser Abend war, klingelt es gegen 19 Uhr an der Haustür. Ich habe mir ein Schaumbad eingelassen, Kerzen angezündet und Prosecco eingeschenkt. Ich feiere Abschied. Von Leo. Mit mir selbst. Leo kann nicht wissen, dass meine Kinder da sind: Ich habe Mittwoch diesmal mit ihrem Vater gegen Dienstag getauscht. »Mach mal die Tür auf, Caspi«, rufe ich, vermute, dass der Nachbarsjunge noch eine Runde mit ihm zocken will. Caspar öffnet. »Mama, da ist ein Mann mit roten Blumen! Und Pralinen.«

Ich: »Frag ihn, wie er heißt!«

Caspar: »Es ist nicht Adrian, auch nicht Papa. Aber auch nicht Onkel Carl und auch nicht Onkel Erik …«

»Caspar!«, brülle ich. »Ich will nicht wissen, wer das alles nicht ist …«

Der unbekannte Besucher drückt meinem Sohn einen opulenten Rosenstrauß und Pralinen in die Hand. Caspi klatscht die Haustür zu und bringt mir beides ins Bad. Er will wissen, ob ich traurig sei, weil der Mann mir die Sachen nicht selber geben konnte. Ben, im Schlepptau seines Bruders, meint: »Bestimmt kommt er noch mal wieder – wenn er groß ist!« Wir reißen die Pralinenschachtel auf, Ben setzt sich zu mir in die Wanne, was mit sieben ja noch okay ist. Caspar lässt sich auf dem Wannenrand nieder und fischt alle Pralinen aus der Schachtel, wo kein Alkohol und kein Marzipan drin ist.

Mit zwölf Jahren und in der siebten Klasse ist er inzwischen voll im Bilde. Es gibt Leute, die sich paaren, auch bei den Erwachsenen. Manchmal gehen sie ein paar Wochen zusammen und dann macht einer Schluss und der andere ist traurig. Oder auch nicht. Manchmal weiß man nicht genau, warum. »Mama, weinst du? Du musst jetzt echt nicht traurig sein. Der war eh zu klein für dich!«

Damit war auch alles gesagt.

KAPITEL 6

»JETZT SUCH DIR HALT ENDLICH EINEN NEUEN MANN!«

Als Singlemutter mittleren Alters prasseln massenhaft Ratschläge zum Thema Männerakquise und Selbstoptimierung auf mich nieder. Ob ich die eigentlich wirklich alle brauche?

Gut gemeinte Ratschläge lauern Singlefrauen mittleren Alters an jeder Ecke auf. Sie springen einen an wie hungrige Hunde. Alle wollen einen verkuppeln und wieder an den Mann bringen, geben Millionen Tipps, wie du dich selbst als leicht angegammelte Ware im Regal immer wieder in die erste Reihe legen sollst. Ich erfahre eine ganze Menge darüber, wie ich mich anziehen, verjüngen, Haare färben, botoxen und überhaupt erstmal abnehmen soll. Und: was ich alles nicht sagen darf. Um möglichst bald wieder in den Genuss eines regelmäßigen Begleiters zu kommen, der seine Füße unter meinem Tisch ausstreckt und mir erklärt, was er am liebsten isst.

Irgendwann wird man als Frau beratungsresistent und geht in Deckung, sobald jemand mit ungefragtem Rat in der Tasche Kurs auf einen nimmt. Der Rat meiner Therapeutin, alles anzubrüllen, was keine Ohren hat, war der einzige, der mir wirklich geholfen hat.

»Geh in deinen Schmerz«, hat sie gesagt. »Brülle ihn heraus.«

Ich gehe in den Wald, gebe Bäumen Namen, trete sie und brülle sie an: dass sie verfickte, verschissene Arschlochbäume sind. Bei Wellnesswochenenden brülle ich unter Wasser die Beine fremder Menschen an, bei Spaziergängen am Meer die Wellen gegen den Wind, wo einen kein Mensch brüllen hört.

Ich habe »Junimond« auf iTunes heruntergeladen und brülle jedes Mal so laut mit, dass fast mein Kopf platzt. Inzwischen brüllen wir alle mit, wenn Rio Reiser singt: *»Jetzt tut's nicht mehr weh. Nee, jetzt tut's nicht mehr weh ... Und alles bleibt stumm und kein Sturm kommt auf, wenn ich dich seh ...«*

»Weißt du noch, Mama, früher musstest du bei ›Junimond‹ immer heulen«, sagt Caspar. Stimmt, früher. Seit Caspar im Auto vorne sitzen darf, ist er der Auto-DJ meiner Onlinemediathek. Ich hoffe, niemand hört das, wenn meine Kinder mit sieben und zwölf Jahren singen: *»Ich hab getrunken, geraucht und gebetet. Hab dich flussauf- und flussabwärts gesucht.«*

Ich bin also mit Schwung in den Schmerz gesprungen, so wie früher in Schlammpfützen. Mit Anlauf. Wie ein Arachnophobiker, der in Gruppensitzungen die Spinne berührt, bis er sich mit ihr anfreundet und sie als nützlichen Fliegenfänger lieben und schätzen lernt. Ich habe so oft meine Hochzeitsbilder angeschaut, bis ich nicht mehr sicher war, ob es nicht vielleicht doch eine Beerdigung war. Oder warum habe ich in Schwarz geheiratet? Dazu hatte ich mir rote Stiefel gekauft, die zu keinem Anlass der Welt gepasst hätten, außer zu Fasching. Meine Schwester hat mich am Morgen vor der Trauung auf dem Standesamt gefragt, ob ich mir sicher bin, dass ich so heiraten will. »Kann man sich je sicher sein?«, hab ich zurückgefragt.

Die besten Ratschläge sind die, die dich dazu bringen, dir alle Fragen selbst zu beantworten. Egal, ob bei Aperol Spritz in der Küche oder am Telefon mit Freundinnen, mit denen man zum 180. Mal drüber debattieren kann, ob das alles so richtig war mit der Trennung.

Es ist, wie schon eingangs erwähnt, sinnvoll, das Um-Rat-Fragen auf mehrere Menschen zu verteilen. Wenn es immer die gleichen trifft, die zum millionsten Mal dieselben drei Fragen beantworten müssen, wird man als Getrennte leicht zur Zumutung.

In den meisten Fällen weiß man übrigens vorher, welche Freundin einem was raten wird – je nachdem, was bei ihr selbst gerade so los ist. Auch deswegen kann man sich viele Gespräche auch einfach schenken. Sprich nie mit einer in ihrer Ehe verweilenden, frustrierten Ehefrau (was die meisten sind). Nie mit einer frisch getrennten Mutter, die total pleite und überfordert ist (was ebenfalls die meisten sind), und auch nie mit einer reich Geschiedenen, die trotzdem überfordert ist (was die wenigsten sind; außerdem haben die andere Probleme als du!). Und vor allem nicht mit einer Frischgetrennten, die auch noch frisch verliebt ist. (Ausnahmezustand: frisch gedopt, hält eh nicht lange.)

Leider wimmelt es von Ratgeberinnen, die ihr eigenes Schicksal mit dem von demjenigen verwechseln, der um Rat fragt. Es wimmelt von anderen Getrennten, Geschiedenen, die dich in ihrem Boot behalten wollen, auch wenn das Boot gerade untergeht. Es ist schön, wenn man Teile des Schicksals teilen kann, wenn ihre Kinder mit deinen spielen, während ihr euch mit Crémant betrinkt und in die Hosen pisst vor Lachen, während ihr verunglückte Affären analysiert und segmentiert. Nichts ist cooler als Freundinnen. Aber sie wollen einen auch nicht verlieren. Was sie einerseits ehrt. Und manche reagieren dann gerne auch mal verschnupft, wenn man kurz mal aus dem Singlegehege abtaucht, weil jemand Neues im eigenen Leben ist.

»Soll ich mich trennen, ja oder nein?« ist definitiv keine Frage, die man Freundinnen stellen sollte. Niemals.

Dann lieber Paartherapeuten, Mediatoren, Psychiater und Ratgeber professioneller Art befragen. Oder ein gutes Buch. Wo sich nachlesen lässt, wie man eine Bestandsaufnahme seiner Beziehung macht. In *Trennt euch!* erklärt Thomas Meyer, welche Fragen man sich stellen soll, um sie sich anschließend selbst zu beantworten. Er sagt, was ich immer geahnt habe: Die meisten Beziehungen sind inkompatibel und machen einen nichts als unglücklich. »Es passt, oder es passt nicht. Meistens passt es nicht. Wenn es nicht passt, wird es nie passen. Wenn es nicht passt, leiden Sie. Wenn Sie leiden, müssen Sie gehen. Das Leben ist zu kurz«[**], heißt es in seinem Buch. Man kann sowieso nicht alles mit dem Gang zur Paartherapeutin reparieren. Wenn die Liebe weg ist, ist sie weg. Und wenn es nicht passt, dann passt es einfach nicht. Du kannst keinen Menschen ändern. Die Idee,

** Thomas Meyer, »TRENNT EUCH!«, Diogenes, 2018, S.15

jemanden zu missionieren, ist immer eine Sackgasse, in der so manche Freundschaft hängen bleibt. Und trotzdem ist das Leben zu kurz für unglückliche Beziehungen. Doch wir leben Gott sei Dank in einer Zeit, wo es zumindest die Möglichkeit einer Trennung gibt. Und auch die für einen neuen Anfang.

Manchmal braucht man ja auch gar keinen Rat, wenn man ans Telefon geht und über das ganze Drama reden will. Sondern nur verbale Streicheleinheiten. Wichtigste Regel für Telefonate mit Freundinnen in Zeiten des Sturms: Wenn du auf dem Handy die rote Taste drückst, um aufzulegen, dann sollte es dir besser gehen als vorher. Und nicht schlechter! Oder du solltest um eine Erkenntnis reicher sein, die du dir bestenfalls selbst hergeleitet hast – durch ein gutes Gespräch. Meist ist es nicht ohne Grund so weit gekommen, wie es gekommen ist: zur Trennung!

Man muss sich also gut überlegen, wen man was fragt, gerade wenn man nichts mehr weiß und immer ein bisschen zu viel Dope im Kopf hat. In Zeiten, in denen man sein Fähnchen auch gerne danach dreht, wer was zuletzt wie eindringlich gesagt hat. Und wie überzeugend. Es strengt wahnsinnig an, ständig Meinungen aller Freundinnen zu verdauen. In jeder einzelnen steckt vielleicht wenigstens ein kleines Körnchen Wahrheit, die man sich hinterher mühsam zusammenmixen kann.

Am schlimmsten sind Sichtweisen getrennter Ehefrauen von der Elbe, die oft jeden Bezug zur Realität verloren haben. Wie die von Felicitas Wassmann, die neulich neben mir auf der Ersatzbank beim Fußball saß; ihr Sohn spielt in derselben Mannschaft wie Ben. Kreischt die Kuh in ihr Handy, dass sie über Nacht durch ihre Scheidung verarmt sei, weil ihr Ex ihr nur 8000 statt 10000 Euro Ehegattenunterhalt im Monat bezahlen will. Ihr Ex sei ja nicht nur Chirurg, sondern Inhaber einer ganzen Privatklinik. Aus Angst, dass sie mich anspricht, wie wir das jetzt so machen, mein Ex und ich, mit dem Unterhalt, Urlauben und den Wochenenden, hole ich mein Handy aus der Tasche und simuliere ein Telefongespräch. In dem ich nur Ja und Nein sage. Und nicke. Also mit meiner Mutter.

Ich will auf keinen Fall mit Felicitas Wassmann über Geld reden; wir sitzen NICHT, wie sie auf einem Fußballevent behauptet hat, im gleichen Boot. Mein Ex und ich diskutieren seit Jahren über jedes Paar Schienbeinschoner für 20 Euro, wobei er (aus seiner Sicht) viel zu viel Unterhalt abdrückt, aus der meiner Anwältin jedoch etwas zu wenig, aber über Kleinstbeträge immer noch herrlich feilschen kann.

Gleiches Boot, sehr witzig. Ich sitze allenfalls im Beiboot von Wassmanns Yacht. Doch seit ich eine leicht männerfeindliche Veröffentlichung zum Thema »Unterhalt« in die Welt posaunt habe, hält sie mich für die Jeanne d'Arc alleinerziehender Mütter und sucht das Gespräch mit mir. Aber was soll ich ihr sagen? Du bist 'ne Bitch mit Birkin Bag, Nanny und SUV, dein Unterhalt könnte 20 geflüchtete Familien ernähren?

Telefon, diesmal ohne Fake. »Vienna calling« von Falco; es ist Sandras Klingelton, weil sie in Wien wohnt. Ich gehe nur deshalb ran, weil es immer noch besser ist als ein Gespräch mit der Wassmann, auf der Ersatzbank.

Sandras Sätze beginnen mit Hasi, Mausi, Schatzi, so bemerke ich kleine Gemeinheiten, die sie mir immer läppisch verklausuliert um die Ohren haut, oft erst Stunden später. Oder Tage. Erstmal sag ich Dinge wie: Meinst du echt? Wir kennen uns fast drei Jahrzehnte, zwei davon wohne ich in Hamburg. Ohne diese Distanz hätte unsere Freundschaft nie so lange gehalten. Sie schafft es immer, vier bis fünf Reizthemen innerhalb von zehn Minuten abzuhandeln. So ähnlich wie Ben. Auch so ein Talent.

Sandra macht nie Smalltalk. Ihr Gesprächsauftakt: »Na Mausi, mit wem und wann war dein letzter Sex?« Oder: »Na Hasi, was lässt du als Nächstes machen, um lange schön zu bleiben?« Ein bisschen autistisch, dieser Ösi-Charme. Aber schon auch amüsant.

Sandra: »Na Mausi, wie war dein letzter Sex mit … wie hieß der Kleine … Leo? Der war doch knuffig, ihr seid doch so eine Art Soul Mates …« Davon habe ich ihr nach dem ersten Abend unvorsichtigerweise übertrieben überschwänglich per WhatsApp vorgeschwärmt. Sandra plappert weiter: »Mann von Welt, kann tanzen. Winzling, aber macht ja nix, Hauptsache, an DER Stelle nicht klein. Sei dankbar und gib ihm halt noch eine Chance …«

Reizthema Nummer eins: wieder ein Typ, mit dem Schluss ist, bevor es überhaupt angefangen hat. Hatte ihr längst per SMS mitgeteilt, dass es vorbei ist. Sie will nur noch mal drin rumrühren oder/und Reaktivierungstipps erteilen.

Ich: »Ich kann nicht entscheiden, ihm eine Chance zu geben, denn er HAT bereits eine Freundin. Er hat nur leider vergessen, mir das zu sagen.«

Ich schaue nach links. Schnelle Entscheidung. Was ist schlimmer? Das Telefonat mit Sandra? Oder Idiotentalk über gescheiterte Großbürgerhöllenehen wie die der Wassmanns? Felicitas kommen gerade die Tränen, weil sie demnächst keinen Pool mit Elbblick mehr haben wird. Und ihre neue Wohnung hat nur noch sechs Zimmer. Sechs Zimmer. Schlimmer Abstieg. Felicitas Wassmann brüllt in den Hörer, Männer seien zum Sprudelkistentragen da. Und zum Bezahlen. Basta. Zu allen anderen Dingen im Leben, die ihr wichtig wären, seien sie eh nicht zu gebrauchen. Noch nicht mal zum Shoppen …

Ich entscheide mich, das Telefonat mit Sandra fortzuführen. Eine andere Mutter setzt sich zu Felicitas und hört ihr zu.

Sandra: »Was ist das für 'ne Checkerin neben dir? Eine Freundin hat der Kleine, na und, ist doch egal. Hast du dir selbst so ausgesucht, dass du nur Affäre bist, hast du ihm quasi erlaubt. Vögle ihn, bis was Besseres kommt. Sex hält jung! Jedes Jahr zählt!«

Reizthema zwei: das Altern. Mein leichter Leo-Liebeskummer hat Sorgenfalten auf meiner Stirn hinterlassen, die auch ohne ständiges Stirnrunzeln stehen geblieben sind. Ich mochte ihn ja schon. Wie oft habe ich für ihn gekocht? Danach hatten wir Sex. Wein hat er nie mitgebracht. Der einzige Abend, wo die Scheine aus seiner Geldklammer flogen, war der erste. Guter Move. Gegenrechnung: zwei warme Mahlzeiten pro Woche inklusive mich als Dessert. Am Schluss noch die Blumen und Pralinen. Da habe ich auch schon bessere Abfindungen bekommen. Ein hässliches Hermès-Tuch zum Beispiel. Einen Ring aus Blech. Aber egal, da war es eh schon zu spät. Voll das Minusgeschäft für mich.

Sandra: »Geh, Mausi. Entweder du holst dir den Leo zurück. Sonst such dir halt einfach einen neuen Mann in den Kontaktanzeigen vom *Zeit Magazin*. Da steht gleich alles dabei … auch alles, was sie nicht wollen. Musst halt mal wieder a bissl in Shape kommen … Sport halt, gell Mausi!«

Reizthema drei: meine Figur. Ignoriere ich.

Ich: »Sag mal Sandra, kann es sein, dass DU für dich einen neuen Mann suchst? Wieso checkst du denn die Kontaktanzeigen im *Zeit Magazin*? Doch nicht etwa für mich …?«

Sandra lacht ihr heiseres Lachen, das immer dann kommt, wenn sie gerade nicht weiterweiß.

Ich muss an zwei alte Damen denken, neulich in der S-Bahn vor mir. Sie waren 75, vielleicht 80, wahrscheinlich Schwestern. Die eine, etwas moppelig, nicht ganz so knitterig wie die Magere, sagt zu der Dünnen: »Martha, du musst dringend mal was essen! Du siehst so entsetzlich verhungert aus.« Darauf die Dünne: »Wieso denn, Gaby, ich gefalle meinem Heinz genau so, wie ich bin. Wir liegen immer noch beieinander, nach all den Jahren, wenn du weißt, was ich meine ...« Guckt die Dicke die Dünne kopfschüttelnd an und sagt: »Der alte Ficker ist ja wirklich so gut wie blind ...«

Sind wir das, Sandra und ich, in 30, 40 Jahren?

Sandra: »Also Sascha und ich vögeln immer noch ein- bis zweimal die Woche. Also ich hab ja einen Mann. Also mir geht's ja blendend.«

Ja, also, Sandra, geht es blendend. Deswegen hat sie angerufen, um mir das mitzuteilen. Wenn sie auflegt, die Anekdoten aus meinem dysfunktionalen Leben gehört und kommentiert hat, geht es ihr vermutlich noch blendender. Dann weiß sie wieder, wie schön es ist, einen Mann zu haben. Einen, mit dem man nie streitet. Weil es eh Wurst ist, was er sagt. Hauptsache, da. Und Hauptsache, Mann. Sie findet nichts schlimmer, als keinen Mann zu haben. Noch nicht mal eine tödliche Krankheit.

Sandra: »Mei Mausi – jetzt such dir halt endlich mal einen neuen Mann! Wenn du so weitermachst, hast du den nächsten Sex erst wieder im Altersheim.«

Ich: »Sex im Pflegeheim, warum nicht? Nur, wer soll das bezahlen? Sandra, war toll mit dir zu plaudern. Alle Themen abgehakt. Ben ist fertig mit Fußball. Ich muss dann jetzt mal ...«

Reizthema vier: Altersvorsorge.

Dabei lebt Sandras Familie, seit Sascha ein Deal geplatzt ist wie ein Sandsack und die Kohle unaufhörlich wie Sand durch seine Hände rieselt, in ständiger, sozialer Abstiegsangst. Ihr Leben im halb abbezahlten 80er-Jahre-Einfamilienhaus im Norden Wiens kann jede Sekunde vorbei sein. Besonders glamourös oder charmant ist es nicht, das Haus, doch es ist ein Haus. Und es hat einen Garten. Und sie halten daran fest. Wie Menschen an Dingen festhalten, weil es eben ihre sind. Doch der »sichere Hafen der Ehe«, wo sie mich dringend wieder parken will, ist auch bei ihr alles andere als eine solide Altersvorsorge.

Ehe ich auflege, schiebt sie die großartigste Idee seit Jahren nach.

Reizthema Nummer fünf: mein Ex.

Sandra: »So Mausi, übrigens, also dein Ex ist ja jetzt wieder Single, da machen wir jetzt mal einen Schlachtplan, um ihn zurückzukriegen, gell?«

Ich: »Du meinst den, der mich jedes zweite Mal, wenn wir an einem Tisch sitzen, zum Heulen bringt?«

Sandra: »Ach komm, er ist lustig, er schaut gut aus, hat einen super Job, er kümmert sich um eure Buben. Wieso nimmst du überhaupt ernst, was er sagt?«

Hat sie mir in den letzten zehn Jahren EINMAL zugehört? Mein Ex und ich sind eine abartige Kommunikationskombi. Das weiß jeder, der uns auch nur einmal zusammen erlebt hat. Inklusive unserer Kinder.

Sandra: »Aber du liebst ihn doch noch! Hat deine Therapeutin gesagt! Denn du hast doch mal in der Therapiestunde behauptet, du hasst ihn, und wenn du ihn hasst, dann liebst du ihn theoretisch auch noch, denn sie hat doch damals behauptet, Liebe und Hass liegen sehr eng beieinander …«

In unserer zweiten Therapiestunde sprang Sebastian vom Sessel, als hätte er eine Feder im Hintern, und brüllte daraufhin die Therapeutin an: »Wollen Sie uns verarschen, oder was?!« Danach wurden wir als untherapierbar aus der Sitzung entlassen.

Ich: »Das war vor fünf Jahren. Gewesen. Plusquamperfekt. Abgeschlossen in der Vergangenheit. Verstehst du?«

Versteht Sandra null. Das ist so einer dieser ganz großen Ratschläge, der sich so anfühlt, als wollte sie mir ein ganz kompliziert verwachsenes, mühsam herausoperiertes Krebsgeschwür wieder einsetzen lassen. Damit unsere Familie wieder komplett ist! Davon abgesehen finde ich es illoyal, dass sie Kontakt mit meinem Ex hält. Als wäre er meine Altersvorsorge!

Wenn's so weit ist, dass ich voll verarmt bin, kann ich ja immer noch ins Kloster. Die Klamotten bringe ich zum Roten Kreuz, wenn die Kinder groß sind. Jesus ist es scheißegal, ob ich zehn Kilo mehr oder weniger wiege. Jesus liebt mich, wie ich bin.

Ich muss dann auch auflegen, das Spiel ist vorbei; Ben rast wie der Blitz über den Kunstrasen und stellt im Vorbeirennen Felicitas Wassmanns Sohn ein Bein. Der fliegt voll auf den Bauch und heult sehr laut. Jetzt hat sie einen Grund, mich anzusprechen, nein, Gott sein Dank, sie hat nicht bemerkt, dass Ben es war. Ich bete, dass Sandra noch einen Moment am Telefon bleibt, sonst spreche ich noch weitere Sekunden mit dem Telefon.

20 Minuten später steige ich, immer noch mit Handy am Ohr, in meinen Twingo, nicke freundlich in Wassmanns Richtung

und bahne mir den Weg durch die schwarzen SUVs, die das ganze Quellental am Fußballclub zuparken, und fahre nach Hause.

Am gleichen Abend ruft meine Mutter an und setzt das Gesprächsthema auf ihre Art und Weise fort. Ratschläge sind, wie gesagt, manchmal Gold wert. Aber eben nicht alle. Egal, wie gut sie gemeint sind in dem Moment, wo sie losgelassen werden.

Mami: »Hallo Schätzchen, gut, dass ich dich erreiche. Deine Schwester hat ja heute Geburtstag.«

Ich: »Ja, immer wieder an diesem Tag …«

Mami: »Ich bin ja doof, ich weiß. Du rufst sie schon später noch an, oder Schätzchen?«

Ich: »Klar. Wie geht es dir?«

Falsche Frage, denn sie sagt nicht »gut« wie meine Kinder, wenn sie aus der Schule kommen und ich sie frage, wie es war. Sondern sie sagt: »Also bei uns ist ja wieder herrliches Wetter. (Kein Wunder, im September auf Ibiza.) Nicht zu heiß, nicht zu kalt, nur ein paar Schäfchenwolken, glasklares Wasser, bisschen Wind … Pitzi und Pucki waren gestern Abend zum Essen hier, ich habe einen wunderbaren Lachs mit Dillsahnesoße gemacht. (Kochbuch: 1950) Und sie haben wieder gesagt, sie kennen absolut niemanden, der so guten Lachs macht, aber sie übertreiben ja auch, du kennst sie ja, haha, der Pucki, der alte Charmeur, haha, und Pitzi ist ja auch immer so reizend, ja, eigentlich verstehe ich mich mit dem fast noch ein bisschen besser als mit Pucki … Und der Peter (Mamis Freund) und Pitzi und Pucki, wir haben uns über deine Lebenssituation unterhalten, die meinten gestern auch wieder, für dich wäre ein älterer Mann gut. Also du brauchst ja irgendwann mal wieder einen neuen Mann! Also einen Graumelierten, der was erreicht hat im Leben und der etwas ruhiger ist. (Werde nervös bei der Vorstellung von Christbaumkugeln in langen Hängesäckchen mit grauem Sackhaar.) Also schon einer, der dir auch mal Kontra geben kann, der nicht immer alles so ernst nimmt, was du so sagst …«

Als hätte ich in meiner Ehe nicht genügend Kontra bekommen. Ich lege das Telefon, während ich Ben gerade noch Englischvokabeln abfrage, auf die Sofalehne und stelle auf laut.

Mami: »Aber ich will dich ja gar nicht stören. Ich wollte nur mal kurz hören, wie es dir geht.«

Ben: »Hallo Oma, ja, du störst. Mama fragt mich gerade Englisch ab. Kann ich eh schon. Dann macht Mama Abendessen, dann gehe ich in die Wanne.«

Telekonfi mit Ben, meiner Mutter und mir. Ben antwortet geduldig, wer was gegessen hat, und fragt nach, was genau über ihren Lachs gesagt wurde. Für ihn ist das besser als Vokabeln lernen. Und Verlängerungspolitik, wegen ins Bett müssen.

Gleich fragt sie nach Leo. Hab dummerweise von ihm erzählt, als sie beim letzten Mal in Hamburg war. Sie nennt ihn gleich den netten jungen Mann …

Mami: »Sag, was ich dich fragen wollte: Was macht denn jetzt eigentlich der nette junge Mann mit dem Nadelstreifenanzug, mit dem du im Rotlichtbezirk ausgegangen warst?«

Ben: »Mama, was ist Rotlicht? Was ich in meinem Zimmer hab? Die rote Lampe? Mit wem war Mama in meinem Zimmer?«

Wie kommt meine Mutter nur darauf, dass Leo nett ist? Er ist ein Betrüger, Pardon, ein KLEINER Betrüger. Wahrscheinlich war das Geld in der Geldklammer auch nur Falschgeld.

Mami: »Ach Ben, mein herzallerliebstes kleines Schätzchen, das sind Etablissements, die gibt es öfter bei euch da in Hamburg. Da gehen ja scheinbar auch anständige Leute hin. Da gibt es leichte Mädchen ...«

Ben: »Was sind leichte Mädchen? Oma, ist Mama ein leichtes Mädchen?«

Mami: »Ach, frag deine Mutter, ich wollte doch auch nur kurz wissen, ob der nette junge Mann noch zum Essen zu dir kommt und ob ihr es immer noch so gemütlich habt und so gerne zusammen Grünkohl esst.«

Ja, Tatsache, hab ich fast vergessen.

Ich: »Also Leo ist eigentlich gar nicht soo nett. Und sooo jung ist er ja auch nicht mehr ...«

Ben: »Mama, ist das der mit den Pralinen, die wir aufgegessen haben, als du in der Badewanne warst und Sekt getrunken hast? Die Blumen von dem hat Mama auf den Kompost geworfen. Und die Köpfe abgemacht ...«

Mami: »Also Schätzchen, bist du immer noch so unbeherrscht? Das ist doch wirklich schade um die schönen Blumen. Also, der Mann war doch bestimmt nett. Oder Ben? Oder war er etwa nicht nett?«

Ben: »Mein Bruder hat gesagt, er wäre fast so groß wie er, er muss noch wachsen ...«

Ich: »Mami, okay, wir lernen die Vokabeln jetzt noch zu Ende ...«

Mami: »Gut Schätzchen, ich wollte ja auch nur KURZ fragen, wie es dir geht. Und es gibt auch nette kleine Männer, vergiss nicht, der Peter ist ja auch klein und Kleine sind ja immer so gemütlich, nicht so wie dein Vater, so ein nervöses, langes Elend, war ja kaum auszuhalten. Aber ich wollte ja auch nur kurz fragen, wie es dir geht, ich will ja auch nicht stören ...«

Ben: »Mama sagt, du störst eigentlich immer, Oma ...«

Super, jetzt ist meine Mutter wieder eine Woche beleidigt. ...

Mami: »Jaja, ich weiß ja, ich bin doof, du brauchst meinen Rat nicht. Du hast ja noch nie auf mich gehört. Du brauchst ja niemanden, der dir Ratschläge gibt. Und einen Mann brauchst du auch nicht.«

Hmm.

Ben: »Mama braucht keinen Mann. Sie hat ja uns!«

Dann legt Ben auf.

Meine Mutter würde mir gerne einen backen. Aber ihre Reden, dass das Leben mit Mann leichter ist, fallen bei mir nicht auf fruchtbaren Boden. Wobei der Mehrwert eines Mannes im Leben einer alten Frau wie meiner Mutter vielleicht noch etwas anderes ist als im Leben einer mittelalten Frau, die voll im Leben steht. Sie bekocht und betüddelt, seit mein Vater tot ist, einen kleinen dicken Geizkragen nach dem anderen, für den sie waschen, putzen, kochen und bügeln und den sie zusätzlich unterhalten muss. All das nur, um einen Mann zu haben?

Jeder Mensch in meinem näheren Umfeld will mich dringend unter die Haube bringen. Wirke ich wirklich so hilflos – ohne Mann?

Meine Mutter findet JEDEN super, den ich erwähne, mit dem ich irgendwann mal aus war, der mir ein Bier spendiert hat, der nicht offensichtlich obdachlos oder drogensüchtig ist. Der nicht in der Geflüchtetenunterkunft wohnt. Es ist ihr auch egal, wenn er seine Frau und seine drei Kinder mit mir betrügt. Hauptsache, Mann.

Aber nicht nur meine Mutter denkt so: Auch Frauen meiner Generation sehen das Leben anscheinend nach wie vor aus der Effi-Briest-Perspektive. Wie auch Sandra. Vor 100 Jahren haben Ehefrauen ihr Hab und Gut und ihren Platz in der Gesellschaft verloren, wenn sie ihren Ehemännern Hörner aufsetzten. Oder ihre Ehen von sich aus aufgaben. Wenn sie sich beschwerten, dass ihr Gatte eine Geliebte hatte, wurden sie »vom Hof gejagt«. Ehefrauen waren da, um dem Ehemann den Rücken freizuhalten. Sie mussten »aushalten«. Dafür hatten sie das Privileg, einen Mann zu haben. Der einiges für sie tat, gesellschaftlich, praktisch, finanziell. Das ist auch Sandras Meinung: »Reiß dich doch einfach mal zusammen, ist doch alles nicht so schlimm, was du mir erzählst.« Gibt Sandra ihren Töchtern, beide in der Pubertät, dieses Bild mit auf den Weg? Schluck runter, den Scheiß, schlaf drüber, morgen ist alles wieder gut? Nimm dir Männer nicht zu Herzen, stell dich blind, dumm und taub, dann wird das schon.

Nicht, dass an dieser Stelle ein falscher Verdacht aufkommt: Ich bin weder eine Männerhasserin, noch aus Prinzip Single. Es wäre schon schön, wenn es einen gäbe, der mit den Kindern Fahrradfahren, Fußballspielen und Angeln geht, der sie mal Französischvokabeln abfragt oder sie morgens zur Schule fährt. Der mich im Alltag entlastet – ohne gleich bei mir einzuziehen. Trotzdem haben meine Kinder einen Vater – der sich in einem Umfang um sie kümmert, dass wiederum mein Job im Elternteam als Verwalterin, Sekretärin und Koordinatorin seiner Anordnungen ein Fulltime-Job ist. Er fühlt sich nämlich immer noch als Chef. Als outgesourcter zwar, aber als Chef.

Wenn ich darüber nachdenke, was mir wirklich fehlt, fällt mir immer nur all das ein, was ich nicht will. Merkwürdig, oder?

Ich will also keinen, der jeden Abend bei mir auf dem Sofa hockt, seine Dreckwäsche bei mir ablädt, meinen Kühlschrank leer frisst, meinen Wein aus meinem Weinregal trinkt und meine Glotze mit *Gladiator* in Beschlag nimmt. Nicht so einen wie Kathis neuen Freund, der am Wochenende Wein von der Tanke mitbringt, während sie ihn drei Tage lang opulent bekocht. Der sich dann auch noch großzügig fühlt, weil Wein an Tankstellen besonders teuer ist. Aber auch besonders schlecht. Ich will keinen, der fragt, warum die Spinnweben auf meinem Regal immer noch da sind und die Steuererklärung immer noch nicht gemacht ist. Keinen, der sich über mein Chaos aufregt, das ich bei all dem Stress, den eine alleinerziehende Halbtagsmutter mit Kindern eben so hat, immer noch erstaunlich gut im Griff habe. Keinen, der mault, weil ich irgendeinen Scheiß vergesse, den ich zu 99,9 Prozent am nächsten Tag erledigen kann. Und keinen, der vergisst, mir zu sagen, dass er eigentlich eine Freundin hat, wenn wir schon zehnmal in der Kiste waren. (Oder auch gerne schon vor dem ersten Mal: Dazu käme es dann natürlich gar nicht erst.)

Und keinen, der mich anpampt, wenn ich total fertig nach Hause komme, weil mir wieder irgendein Scheiß passiert ist, der mir selbst gerade den letzten Nerv geraubt hat.

So wie neulich, als ich meinen Wocheneinkauf ausgerechnet sonntags im Underdog-Lidl im Bahnhof gemacht habe. Mir wurde meine Geldbörse mitsamt Parkkarte geklaut, so dass ich beim Rausfahren aus dem Parkhaus einen 70-jährigen Althippie mit VW Bus beknien musste, ganz langsam direkt vor mir aus dem Parkhaus zu fahren, damit ich hinter ihm die Lichtschranke passieren konnte. Als Gegenleistung musste ich ihn zum Lunch einladen. Die Gebühr für die verlorene Parkkarte wäre immer noch teurer gewesen als die Tofu-Bowl, die er gegessen hat. Der Mann, von dem ich träume, wäre also einer, der mich NICHT danach fragt, ob ich ihn mit dem Althippie-Penner vom VW Bus betrüge. Und warum mir schon wieder so ein Mist passiert ist.

Sondern einer, der mich in den Arm nimmt und lacht. Der sagt: »Schatz, morgen ist ein neuer Tag. Ab morgen kaufst du einfach nicht mehr im Lidl am Bahnhof ein. Alles nicht so schlimm.«

So einen Mann wünsche ich mir. Also einen, der mich trotzdem liebt.

Er muss auch keine Supernanny für uns alle drei sein. Nur jemand, der selbst waschen kann, mal den Kochlöffel schwingt und nicht dauernd an Lappalien, die nicht rundlaufen, wie man das gerne hätte, verzweifelt. Halt einen, der cool ist und weiß, dass Chaos Normalzustand ist.

Außerdem träume ich von einem Mann, der nicht so tut, als wäre es ganz normal, dass man nach fünf Jahren als Paar keinen Sex mehr hat. Während es früher angeblich immer eher die Frauen waren, denen nach der Geburt die Lust abhanden gekommen war, höre ich in letzter Zeit allerorten das Klagen der Frauen über ihre männlichen Nichtperformer im Bett, die immer nur Kuscheln wollen und Migräne haben, wenn Mutti mal Lust hat! Nein, echt jetzt, das klingt so was von ungesund. In dieser Hinsicht bin ich hoffnungslos romantisch: Ein intaktes Paar, das sich wirklich mag und scharf findet, kann sich auch nach vielen Jahren noch gegenseitig zum Vögeln animieren. Punkt. Der braucht keinen Sexualtherapeuten, der das brachliegende Liebesleben mühselig erneut aus der Taufe heben muss. Aber manchmal ist es halt einfach etwas kaputt: Wenn du zum Beispiel eh zu doof warst für den Alltag als Hausfrau, den der Ehemann bei der Hochzeit doch »all inclusive« bestellt hat. Wer ständig angepöbelt wird, dem vergeht natürlich auch jede Lust auf den anderen. Auch deshalb gehöre ich zu den nicht wenigen Leuten, bei denen Sex irgendwie immer wieder von der Liebe abgekoppelt war: zu viel Alltag, zu viel Stress! Gerichtsvollzieher vor der Tür, vollgepinkelte Betten, Bobbycars im Weg.

Aber gerade in der zweiten Lebenshälfte, wenn die Kinder aus dem Gröbsten raus sind, ist Sex wieder wichtig. Vielleicht sogar spannender als je zuvor! Und wir Frauen können ja zu unserem Glück immer und überall, und zwar ohne Viagra und andere medikamentöse Hilfsmittel, von denen Männer im Zweifel einen Herzinfarkt bekommen. Viele kriegen ja ab einem gewissen Alter noch nicht mal mehr die Potenz einer ungebackenen Laugenstange zustande und schieben dann alles auf ihre Frauen, Motto: Klar, die Olle zu Hause, die turnt mich nicht mehr an. Mit ihrem (zu mageren oder zu fetten, was weiß ich) Körper einer Wellblechhütte wüsste schließlich keiner mehr, wie er da performen soll!

Alles Bullshit! Ich für meinen Teil habe gerade mit Mitte 20, in meiner vollen Blüte, Männer mit den schlimmsten Potenzproblemen erlebt, die hinterher aus lauter Scham nie wieder angerufen haben.

Also glaube ich unbeirrt weiterhin und ganz fest daran: Wenn die Sache mit dem Sex zwischen zwei Menschen geregelt ist, und zwar zu aller Zufriedenheit, dann kann daraus durchaus Liebe werden.

Mein Freund Carl kann ein Lied davon singen.

KAPITEL 7

BIN ICH EINE BERGWÜHLMAUS?

Wie mein Freund Carl sich auf einer Erotikplattform angemeldet und seine große Liebe gefunden hat. Und wie er eines Abends beschließt, auch mir dort ein Profil zu erstellen.

Carl und ich, Bolognese und Rotwein in meiner Küche, Reminiszenz an alte Zeiten. Wir schreiben das sechste Jahr nach meiner Trennung, Carls Eheende steckt im zweiten Trennungsjahr gegen meine noch in den Kinderschuhen.

Es ist wie in alten Zeiten, als alles nur um Sex ging – und auch ich noch ständig welchen hatte. Ehe wir nur noch mit dessen Folgen beschäftigt waren: den Ablegern. Hunderte schlaflose Nächte mit heulenden Blagen, wegen Blähbäuchlein, Pseudokrupp, Zahnungsschmerzen (überhaupt dieser schrecklich unzuverlässigen Zahnfee). Zeiten mit Stillflecken auf der Bluse, dünnhäutigen Müttern im Sandkasten, die wegen jeder Handvoll Sand im Mund ihres Kindes einen Nervenzusammenbruch bekamen. Seit all das hinter uns liegt, ist »nach der Ehe vor der Ehe«.

Carl ist so ein Freund, aus den Tiefen der Vergangenheit. Wir kennen das (Liebes-)Leben des jeweils anderen seit einer halben Ewigkeit – lange ehe ich den Vater meiner Kinder traf. Carl war bereits verheiratet und in anderen Galaxien unterwegs. Seit er 1989 beim Berliner Mauerfall zufällig ein Ost-West-Liebespaar vor die Linse seiner Nikon bekam, das sich mitten auf der Sonnenallee in die Arme fiel und küsste, wurde das Foto Titel eines Nachrichtenmagazins und ging in die deutsche Geschichte ein. So kam er über Nacht zu Reporterruhm. Seitdem arbeitet er als Kriegs- und Auslandsdokumentar.

Doch erst das Ende unserer jeweiligen Ehen versetzt uns wieder in alte Zeiten zurück. Während mein Eheende nach zehn Jahren eher einem Eheirrtum gleichkommt, sprechen wir bei Carl von 20 Jahren. Er und Tamara gehören zu jenen Ex-Paaren, die auch nach der Trennung Freunde bleiben. Weil sie es auch vor der Trennung schon lange waren. Ohne Grabenkämpfe, Rosenkriege und Versuche, sich gegenseitig zu sabotieren. Während Caspar und Ben bei meiner Trennung sechs und eins waren, ist Carls Sohn zum Zeitpunkt seiner Trennung 15 und bedurfte weder in schulischer noch in psychologischer Hinsicht irgendeiner Intensivbetreuung. Man hat ihm die Pubertät kaum angemerkt, er war gleichbleibend freundlich, ausgeglichen, sympathisch und gut in der Schule. Während Caspars Lehrer uns seit dem ersten Schultag wegen Nichterledigung von Hausaufgaben, fehlender Arbeitszettel, regelmäßigem Tiefschlaf und/oder Störereien im Unterricht – und inzwischen auch wegen physischer Abwesenheit – regelmäßig zu Elterngesprächen zitieren. Schulbriefe beginnen stets mit »Ihr Sohn Caspar …«; ich leite sie an Caspars

Vater weiter, der schon bei der Anfangszeile kollabiert. Während ich oft lachen muss, was natürlich nicht okay ist. Irgendwann fängt er sich schon. Caspars persönliches Schulroulette besteht darin, mit möglichst wenig Aufwand trotzdem irgendwie durchs Abi zu kommen – ein gewagtes und noch lange nicht gewonnenes Spiel, das mir leider bekannt vorkommt. Motto: Scheiß auf elterliche Nerven, das haben sie davon, das ist die gerechte Strafe, weil sie sich getrennt haben. Seitdem arbeiten wir mit vereinigter, elterlicher Kraft daran, dass aus dem selbstgemachten Unrat doch noch etwas wird.

Natürlich sehe ich das so wie fast alle Mütter: Die Kinder sind das Beste, was ich je gemacht habe. Aber leider auch das anstrengendste. Die Vorstellung, fremde Exemplare dieser Art durchs Leben zu begleiten, die ich nicht gemacht habe, kommt mir, je länger ich getrennt lebe, desto unmöglicher vor. Je länger ich meine eigenen und auch andere Kinder großwerden sehe. Nicht nur aus meiner Perspektive. Leos Tochter zum Beispiel hätte ich eher ins *Dschungelcamp* geschickt, als sie jemals mit auf eine Reise zu nehmen. Nicht einmal im Beiboot und mit Extrananny auf der Nachbarinsel hätte ich sie ausgehalten. (Eine gemeinsame Reise stand allerdings auch nie zur Debatte.) Da frage ich mich: Welcher Mann soll bitte je diese Söhne ertragen? Nein, nicht, dass sie nicht nett wären, nicht gutaussehend oder liebenswert – kein Mensch kann schöner sein. Aber es hat durchaus seine Berechtigung, die Kinder- und die Männerzeit zu trennen. Mir wird es immer ein Rätsel bleiben, wie andere Leute Patchwork organisieren. Kinder und Männer sind bei mir einfach – leider anders, als es uns in jeder Hollywood-Schnulze verklickert wird – zwei Paar Stiefel. Eher grenzt es an ein Wunder, wenn es trotzdem klappt.

Nach zwei, drei Männergeschichten, die nichts geworden sind, zwei Jungs, die nicht in der Liga der Musterknaben spielen, ein paar Jobexperimenten und einer inzwischen ausgeklügelten Virtuosität darin, alles so aufrechtzuerhalten, dass es irgendwie weitergeht, und immer kurz vor der Pleite – mal abgesehen vom endlich verebbenden, jahrelang andauernden Rosenkrieg –, glaube ich: Ich bin nicht für Zweisamkeit gemacht. Vielleicht hat Sandra Recht mit der Idee: Sex erst wieder im Altersheim! Alle paar Wochen schaue ich pro forma auf alten Profilen von Datingportalen vorbei, die ich vor Jahren erstellt habe. Und sehe immer dieselben Nasen: die Unvermittelbaren. Jetzt bin ich also eine davon. »Bitte nicht schon wieder!«, denke ich beim Durchblättern männlicher Konterfeis und muss davon ausgehen: Die denken dasselbe, wenn sie mein Gesicht erblicken.

Jetzt, nachdem auch Carls Ehe gescheitert ist, ist bei uns eine Art Apokalypsenstimmung eingekehrt. Es geht um Aufbruch und Enthemmung, die Werte der Stunde sind andere als noch vor 15 Jahren. Als ich damit beschäftigt war, einen Partner zur Aufzucht und Pflege für Ableger zu finden. »Wann, wenn nicht jetzt!«, lautet unser Jagdruf. Und seitdem reiten wir gemeinsam nicht mehr taufrisch durch den Wilden Westen der zweiten Lebenshälfte. Die Grundidee dahinter: Man muss ja nicht mehr jedes Mal das volle Abendprogramm buchen, wenn man nur was zu essen will.

»Du brauchst dringend mal wieder Sex«, stellt Carl trocken fest und schenkt mir ein großes Glas Shiraz ein. »Dann kannst du dich auch gleich mal wieder in Shape vögeln.« Danke, Carl. Stimmt ja auch, wobei die Reihenfolge vielleicht andersherum sinnvoller wäre: Zuerst in Shape kommen, dann Sex haben?

Also wenn Singles in der Lebensmitte etwas fehlt, dann ist es das.

»Wir erstellen dir jetzt ein Profil auf einer Erotikplattform«, sagt Carl. Manchmal ist Carl überraschend. Ihm ist gelungen, was vermutlich nur wenigen Menschen gelingt, die sich auf so einem Portal treffen: Er hat sich verliebt. In Daggi, eine Leipzigerin seines Alters. Auf einer Fickplattform! Ich widerspreche. Als Mutter im Hamburger Westen kann ich meine Visage unmöglich in einem derartigen Kontext posten, wo die letzten Underdogs unterwegs sind. Die in Swingerclubs gehen und mit Zorro-Masken auf der Tanzfläche rumvögeln. Nein, wirklich nichts gegen guten Sex. Aber das geht mir zu weit.

Seit seiner Trennung karrt Carl Busladungen voller Frauen durch sein Dasein, sein Liebesleben ist unübersichtlich, er hält immer mehrere Bälle in der Luft. Ich kann mir keine Namen mehr merken. Er probiert alles. Auch Frauen, die so gut zu ihm passen wie Mango in Wurstsalat – also gar nicht. Und Carl ist gierig. Wir scannen weibliche Profile auf meinem Facebook-Account, die nicht offensichtlich lesbisch, verheiratet oder über 80 sind. Aufgrund der niedrigen Reizschwelle frisch getrennter Ehemänner datet er alles, was unter 100 Kilo wiegt oder irgendwie noch Haare hat. Er sucht Frauen wie meine Kinder die kleine Maus im *Brigitte*-Suchbild – und findet sie. Rund drei Singlefrauen kreisen immer um einen Mann. Weil getrennte Männer ab der Lebensmitte sich altersmäßig wie gesagt oft nach unten orientieren. Was weniger mit glatterer Haut oder der minder ausgeleierten Bauchdecke jüngerer Konkurrenz zu tun hat, beruhigt mich Carl. Sondern damit, dass sie sie an ihre Ex-Frauen in der Anfangszeit erinnern. An die Zeit, als das Leben noch unbekümmert war. Bevor der Ballast der Jahre die Liebe erdrückt hat.

Rotwein und Bolognese neigen sich dem Ende zu, die Kerze auf dem Unterteller ist runtergebrannt. Seit Daggi in seinem Leben ist, erwägt Carl, wieder monogam zu werden. Er zeigt mir das erste Daggi-Foto, das er auf dieser Plattform entdeckte. Ihre Brüste stehen darauf wie zwei perfekt aufgebaute Sandburgen mit Kirschen drauf am FKK-Strand von Scharbeutz. Daneben hat sie ein Foto von ihren Knien, durch die Beine mit Blick aufs Meer gepostet, so wie Heidi Klum das bei Instagram mal gemacht hat. Hübsche Beine. Unter den Bildern hat sie nur Maße und Alter notiert und dass sie sexuell für alles offen sei. Hilfe. Genauere Angaben gäbe es erst beim Abendessen, das sie gegebenenfalls auch selbst bezahlen könne.

»Wie jetzt, von einem Perversling gevögelt werden und dann noch sein eigenes Abendessen bezahlen?«, frage ich.

»Emanzipation statt Prostitution ...«, sagt Carl. Er hat natürlich trotzdem Daggis Abendessen bezahlt. Und der Sex am ersten Abend war so super, dass er dringend fortgeführt werden musste. Er bekommt Herzchenaugen, wenn er von ihr spricht.

Sex gesucht, Liebe gefunden – so geht also Carls Geschichte mit Daggi aus Leipzig. Eine Ostfrau. Ossis gelten ja insgesamt als enthemmter. Aber wie muss man drauf sein, um sich bei so was anzumelden? Was für ein Mensch ist Daggi? Mir graust es vor dem ersten Treffen mit Carl und seiner neuen Freundin. Was erwartet mich? Sandburgmöpse in Lackleder? Ich gehe aber davon aus, dass Daggi in drei, vier Wochen eh erledigt ist. Soll Carl doch vögeln, bis ihm der Penis platzt, das Leben hat uns schließlich durch mehr als genügend Talsohlen geschickt. Auch Carl.

Acht von 20 Jahren war ein unerfüllter Kinderwunsch Teil seiner Ehe mit Tamara; sie unterzog sich einer Fruchtbarkeitsbehandlung nach der anderen, intrauterine Insemination, In-vitro-Befruchtungen, ICSI, wobei das Spermium direkt in die weibliche Eizelle injiziert wird. Keine Auslandsreise, von der Carl nicht mit den neuesten Recherchen zum Thema zurückkam. Sie reisten nach Spanien, zogen eine illegale Embryotransplantation in Erwägung, erwogen eine Adoption in Russland, eine Leihmutterschaft, einen Babykauf in Indien. Für Tamara war es ein Horrortrip. An ihrem 43. Geburtstag gab sie offiziell bekannt, dass sie den Kinderwunsch endgültig ad acta gelegt hat. Sie wollte sich ihrer alten Aufgabe als Grundschullehrerin widmen und sich ohne eigenen Nachwuchs ins kindliche Getümmel werfen. Während Carl in Kashmir, Burundi und im Südsudan für die weltweite Konfliktberichterstattung unterwegs war. Alles war für ihn besser als der Konflikt im eigenen Heim. Tamara wollte nicht mit anderen Eltern ausgehen. Auch deshalb akzeptierte sie mich als Carls besten Kumpel, obwohl ich aus ihrer Perspektive sehr jung und sehr unreif war. Mutter werden war das Langweiligste, was ich mir damals vorstellen konnte. Ich konnte Carls und Tamaras Horrortrip zu diesem Zeitpunkt keinesfalls nachempfinden.

Kurz nach Tamaras Verkündung wurde Max-Hugo geboren. Ohne moderne Fortpflanzungstechnik. Ein Wunder. Er war winzig bei der Geburt, er schrie nicht und hatte Wasser in der Lunge. Tamara wäre fast gestorben. Eine Woche später konnten Mutter und Kind wohlauf nach Hause. Und dann kam die glücklichste Zeit seines Lebens, sagt Carl. Sein Sohn Max-Hugo sieht aus wie Tamara: weißblonde Locken, hellblaue Huskyaugen – und einen ebenso hellen Verstand.

In der Welt toben immer Krisenherde, also war Carl ständig unterwegs. Max-Hugo ist sensibel und hatte Angst, seinen Vater zu verlieren. Tamara lamentierte, sie wäre praktisch alleinerziehend. Sie nahm ihren Job als Lehrerin wieder an. Auf der Weihnachtsfeier küsste sie ihren Schulleiter, während Carl immer öfter im Morgengrauen nach Hause kam. Manchmal auch ohne Ehering. Nach Mitternacht an den Bars dieser Stadt beschloss er manchmal, seinen Ehering in seiner Geldbörse zu verstecken, um später mit »Resten der Prinzenbar« zu knutschen. Mehr nicht. Carl ist konservativ, was Ehe und Drogen betrifft. Ein Küsschen hier, ein Rotwein dort. Die Rechnung in seiner Hosentasche am nächsten Tag führte bei Tamara zum Eklat. »Du Arsch, 380 Euro für einzigen Abend?« Sie glaubte ihm nicht, dass er einfach nur die Lokalrunden geschmissen hatte. Der letzte Kuss von Tamara und Carl fand auf einer Schulaufführung statt, wo Max-Hugo ein Blatt spielte, das vom Baum fällt. Max-Hugos Text: »Es ist Herbst, oh, ich muss fallen, oh, ich falle ...« Es war der letzte Kuss überhaupt, sagt Carl.

Fünf Jahre hielten sie dann noch durch. Bis kurz nach Max-Hugos 15. Geburtstag, als sie ihre Ehe in der perfekten Ottenser Altbauwohnung mit dem späten Elternglück einvernehmlich für gescheitert erklärten. Nach dem Kuss an der Schulbühne wusste Carl: Außer dem Kind verband sie nichts mehr. Tamara war nur noch Mutter seines Kindes. Die ersten zehn Jahre mit Max-Hugo würde er gerne zurückdrehen. Aber die letzten fünf war er nur noch leer.

Irgendwann kommt immer der Punkt, wo sich Dinge nicht mehr zurückdrehen lassen. Die Tränen, die man geweint hat, die Küsse, die man verteilt hat, auch außerhalb der Ehe, die Worte der Wahrheit, die man mit engen Freunden immer wieder aufgewärmt hat, so lange, bis sie irgendwann nicht mehr verschwinden können. Irgendwann ist der Graben zwischen zwei Menschen unüberbrückbar ausgehöhlt.

Und dann erst, irgendwann, sieht man ganz neue Ufer.

Wir machen die zweite Flasche Rotwein auf. Zwei Flaschen sind okay auf einen Freitagabend, findet Carl, das geht gerade noch, um am nächsten Tag katerfrei ins Büro zu fahren, wenn man denn auspennen kann.

»Wir machen dir jetzt ein schickes Onlineprofil«, sagt er.

»Na gut«, sage ich und lasse mich überzeugen: Wozu mühsam Fragebögen über meine Lieblingsbücher ausfüllen oder in Bars Zeit und Geld für Weinschorlen verschwenden? Vielleicht ist es aber auch die zweite Flasche Wein, die den letzten Anstoß gibt.

Fragt sich nur: Welches Profilbild soll ich da nehmen, ohne dass man mich sofort erkennt? Was, wenn Felicitas Wassmann in der Grundschule mit dem Finger auf mich zeigt und sagt: »Guckt doch mal, die da, das ist doch die unanständige Frau?« Eine Kreative, die so tut, als würde ihre Arbeit jedwede moralische Entgleisung rechtfertigen. Wie im 19. Jahrhundert in der Pariser Boheme. Und hatten die wilden Weiber vom Moulin Rouge vielleicht Kinder? Ehemänner, Familien? Selbst aus München oder Berlin höre ich ständig, dass erotische Experimente aller Art längst in der gesellschaftlichen Normalität angekommen seien. Nur wir hier, im Hamburger Westen, sind wieder mal wie Ausstellungsstücke des Museums für Hamburgische Geschichte. Hoffnungslos verstaubt.

»Wenn du dein Gesicht nicht zeigen kannst«, sagt Carl, »dann irgendwas anderes von deinem Körper.« Optik sei Teaser und Pflicht auf solchen Plattformen. Man zeigt etwas, aber nicht alles. Das ließe sich durchaus ästhetisch und geschmackvoll inszenieren, sagt er. So wie seine Daggi das gemacht hat. Pft, Daggi! Ein Name, den er im alkoholisierten Zustand so zärtlich ausspricht, als wäre sie etwas mehr als nur die Eroberung von einer Erotikplattform.

Er könne mich auch nackt von hinten auf einem Esszimmerstuhl fotografieren, sagt Carl. »Da sieht man deinen Bauch nicht so!«

Caaaarl! Nett, dass du für mich mitdenkst, ich möchte jedoch ungern ein Nacktfoto von mir posten, auch wenn es nur von hinten ist. Jeder, der mich schon mal im Hallenbad gesehen hat, erkennt mich an dem Leberfleck auf meinem Rücken und den Filetstücken auf der Hüfte, also nein. Daggi ließe sich sicher super nackt auf einem Stuhl fotografieren. Vielleicht sogar von vorne. Aber sie war ja auch ohne Nacktbild recht kreativ, mit ihren Profilbildern.

»Also wie sie damals ankam, zu unserem ersten Date, im Minirock, den hohen Stiefeln, der Hippie-Bluse mit weiten Ärmeln und weitem Einblick. In dem Restaurant. Oh Mann, das war schon geil …« Carl ist echt verknallt.

Also gut, ganz ohne Foto sei schlecht, sagt Carl. Nehmen wir deine Hände? Geht nicht, sage ich. Was ist erotisch an leicht geschwollenen, roten Schwitzehänden?

Wir klicken uns durch andere Profile. Manche Frauen posten Muschibilder! Wer macht denn so was? Was brauche ich dafür? Schamlippen-OP plus neue Frisur untenrum? Also hübsch sind sie alle nicht. Vaginabilder findet sogar Carl zu plump, zu unsubtil, das lasse zu wenig Raum für Fantasie. Seit wann ist Carl denn subtil?, frage ich mich. Egal.

»Hast du etwa deinen Penis online gestellt?«, frage ich. Nein. Gott sei Dank. Er habe sein Gesicht gepostet, mit Hut und Sonnenbrille. So ein Schwachsinn, da hätte er ja gleich ein Foto von den Blues Brothers nehmen können, sage ich. Ich hole Bens Mördermütze mit Augenschlitz aus der Garderobe, Carl winkt ab.

»Neeee! Damit siehst du aus wie Jack the Ripper.«

»Egal«, sage ich. Da sich ohnehin kein ernst zu nehmender, kultivierter Mensch auf so einer Onlinefickplattform rumtreibt, wen stört es bitte zwischen all den Underdogs, wenn ich eine schwarze Mütze aufhabe? Immer noch besser als nackte Möpse vor dem Nord-Ostsee-Kanal! Auweia, gleich wird er sauer. Nichts gegen Daggi! Da muss man echt aufpassen.

»Also willst du jetzt unkomplizierten, schmerzlosen, reuelosen Sex? Oder nicht? Ist doch eine klare, ehrliche Aussage …«

Wir entscheiden uns für zwei Motive.

Das eine: Mein Gesicht, zu 80 Prozent verdeckt mit Caspars weiss-hellgrau-kariertem Pali-Tuch. So dass nur ein bisschen was von meinen Augen und mein Mund herausgucken. Das sei das Wichtigste, meint Carl, ohne dass man mich direkt erkennt. Ich sehe aus wie Lawrence von Arabien. Oder eher wie ein Unfallopfer. Und nicht wie eine Frau in den mittleren Jahren auf der Suche nach erotischen Abenteuern.

Zweites Motiv: meine frisch pedikürten Füße. Carl macht Fotos mit dem Handy, während ich meine nackten, mit himbeerfarbenem Nagellack versehenen Füße auf dem Küchentisch drapiere. Als Fotograf weiß er, wie er jetzt ein wahnsinnig scharfes, perfekt inszeniertes Foto schießt, mit meinen Füßen und einem Stück meiner Fesseln zwischen halbvollen Rotweingläsern und dem überquellenden Aschenbecher.

»Geil«, sagt Carl. »Total geil. Wahrscheinlich melden sich hauptsächlich Fußfetischisten.«

»Besser Fußfetischisten als diese Wichser, die sich Bilder von meiner Duweißtschon auf ihre Handys laden. Stell dir vor, da sitzt einer in seinem Truck auf dem Autobahnrastplatz und holt sich einen runter vor dem Foto von meiner …« Ich schlage die Hände vors Gesicht.

Carl grinst. »Und, wie heißt das Wort für das weibliche Geschlecht, du kleine Klosterschülerin?«, zieht er mich auf.

»Vagina. Vagina, Vagina! Das wäre ja eine Art Cybervergewaltigung.«

Keine Ahnung, wieso ich immer wieder auf LKW-Fahrer komme. Frühkindliche Prägung vielleicht, aus *Tatort* und *Derrick*? Das sind die Einzigen, wo ich nie den Daumen rausgehalten habe beim Trampen. Im Leben wär ich nicht in einen Lastkraftwagen gestiegen.

Mein Profil wird total »pro-mäßig«, würde Caspar sagen. Meine übereinandergeschlagenen Füße aus drei, vier verschiedenen Perspektiven. Daneben der teilweise verbundene Kopf.

»Das ist so was so cool, wart's ab«, sagt Carl ganz aufgeregt. Er ist wahnsinnig euphorisch, weil er mich jetzt quasi missioniert hat für so eine gewagte Aktion.

»Jetzt kommen wir zu deinen sexuellen Vorlieben«, sagt Carl. Davor steigt er aufs Fahrrad, um eine dritte Flasche Wein zu besorgen. Wie immer. Carl kommt mit einer Literflasche Chianti von der Tanke zurück.

»Also, let's go: sexuelle Vorlieben?«

Ich: »Oh … keine Ahnung. Was gibt es denn im Angebot? Was kann die denn … deine Daggi?«

Carl schmunzelt vor sich hin und liest mir vor: »ONS (One-Night-Stand), BDSM (Bondage, Domination, Sadismus, Masochismus), AV (Analverkehr), BV (Brustverkehr), CBT (Cock and Ball Torture), CS (Cybersex), DWT (Damenwäscheträger) oder DT (Deep Throat) …«

Ich: »Okay. Ich meine, was hast du denn damals bei Daggi angekreuzt? Kreuze einfach mal alles an …«

Carl: »… Dann hast du aber einen ganzen Stall Perverser am Start, die dich foltern wollen. Das assoziiert auch falsche Rückschlüsse mit deinem weißen Kopfverband.«

Ich: »Aber außer AV kenne ich noch nichts davon. Will ich sterben und nichts davon ausprobiert haben?«

Carl: »Ich glaube, du hast nichts versäumt, wenn du nie im Leben jemandem den Schwanz und die Eier abgeklemmt hast.«

Da fällt mir ein, das habe ich doch schon mal gemacht. Unserem Hund habe ich mit zwölf aus Versehen den Schwanz in der Autotür des DAFs meiner Mutter eingeklemmt. Er hat die ganze Straße zusammengejault, es war so schrecklich. Ich war wahnsinnig froh, dass er das überlebt hat.

Ich: »Okay, dann nehm ich alles außer BV (braucht man dafür Riesenmöpse?) und CBT. ONS ist auch gut. Nicht, dass der Typ denkt, falls das ganz schlimm wird, dass er mich danach noch anrufen muss … dann reicht eine Nacht ja. Ich geh dann eh nicht ran.«

Carl: »Nein, lass ONS weg, das heißt überhaupt nichts. Deshalb ruft er dich nicht auf jeden Fall nach dem Sex an und will dich sofort heiraten, keine Sorge! Er ist ja wahrscheinlich nicht vor 1930 geboren und seit 1960 an Alzheimer erkrankt. Also, ONS ist unseriös …«

Unseriös. Ich muss losprusten. Carl rät mir, DT auch noch wegzulassen, das sei schlecht, wenn man schon bei normalen Blowjobs einen Würgereiz bekommt. Okay, DWT, also Damenwäscheträger lasse ich angekreuzt. Ich hatte schließlich auch eine Phase in meiner Jugend, wo ich in Unterhosen meines Ex-Freundes mit Banane und Mandarinen ausstaffiert vor ihm rumgetanzt habe. Fand er nicht komisch.

Also kreuze ich »ernsthafte Beziehung möglich« an?

Carl erzählt, bei ihrem ersten Date mit ihm habe Daggi ihre Schwester informiert und das GPS auf ihrem Handy aktiviert, dass man sie orten konnte, im Notfall. Falls er doch »Catweazle« oder ein bislang noch nicht gefasster Frauenmörder wäre.

Ich: »Was mache ich, wenn ich ihn auf Anhieb furchtbar finde? Müssen wir uns überhaupt treffen? Oder geht sonst auch einfach Cybersex?«

»Dann kannst du doch schnell einen Anruf deiner Kinder vortäuschen und gehen«, sagt Carl.

Ich: »Was, wenn er ein Sexualstraftäter ist? Wenn er sich Zugang zu meiner Wohnung erschleicht und mich dann vergewaltigt? Mich umbringt und vorher noch quält?«

Carl: »Also, du hast ein Bauchgefühl!«

Nein, ich habe kein Bauchgefühl. Absolut null Bauchgefühl. Hatte ich noch nie.

Carl: »Du willst nur nicht! Das ist jetzt deine Ausrede, weil du dich doch nicht traust. Du hast Schranken im Kopf. Du findest aber kein Argument dagegen. Es ist dir peinlich. Die Idee, jemanden über so ein Portal kennenzulernen, ist dir peinlich. Du bist eine katholische, verklemmte, konventionelle Bergdorftrine.«

Jetzt gibt es Ärger.

»Ich will mit so einem Typen noch nicht mal einen Kaffee trinken. Wie soll ich denn dann bitte auch noch mit ihm – F I C K E N? Weil die Vorstellung, dass aus BV, AV, CBT etwas Romantisches, Ernsthaftes entstehen kann, von vornherein in meinem Gehirn nicht angelegt ist. Und ich vögle auch gar nicht erst mit einem Mann, bei dem ich mir nicht wenigstens vorstellen kann, dass zumindest später mal mehr daraus werden könnte! Denn Sex einfach nur so, als Sport, finde ich null erotisch. Sogar eigentlich fast ekelhaft. Oder bin ich jetzt eine von den ganzen Nutten und all den anderen Losgelösten voller Kriegsverletzungen von der Liebe? Nix da …«

Carl, die kleine notgeile Sau. Mit seiner kleinen, notgeilen Daggi, mit ihrer Ossi-Sandburgbrust. Gehen sie vielleicht auch in Swingerclubs? Feiern sie Orgien, zu Hause, hinter zugezogenen Gardinen? Sehen sie sich gegenseitig in Aktion mit anderen zu? Muss ich jetzt befürchten, wenn ich Carl mit Daggi treffe, dass sie mich zu einem Dreier überreden? In Carls Wohnung beim letzten Absacker?

Ich (verlogen, um unseren Streit zu schlichten): »Also nein, bitte nicht böse sein. Wenn DU das gemacht hast, heißt das doch, dass da auch gute Typen sind, und es netterweise ehrlich vorher sagen, worauf sie stehen? Ehrliche Kommunikation in Sachen Sex.«

Was ich wirklich denke: »Nein, echt, wie kaputt muss man sein, um sich dort anzumelden? So wie ich jetzt gerade …«

Gegen 2 Uhr morgens ist der Wein alle und unser Text fertig.

So viel Ehrlichkeit wird mir gedankt werden, da sind Carl und ich uns sicher. Denn Kommunikation ist alles, wenn es um Sex geht! Unser kurzer »Das bin ich«-Text unter meinen halbwegs okayen Füßen und meinem halb eingewickelten Kopf eines Unfallopfers mit Promilleendstand 1,3 geht um 2.15 Uhr morgens online:

»Sexuell ausgehungerte MILF, die große Penisse mag (aber bitte nicht zu riesig, ab 20 Zentimeter und Durchmesser von Salatgurke wird's kritisch) und Blümchensex, will sich nicht soo viel bewegen und/oder verbiegen und am liebsten komplett bedient werden. Auch weil sie sich währenddessen aufs Baucheinziehen konzentrieren muss. Ansonsten: für alles offen. Damenwäscheträger sind okay, Erfahrungswerte vorhanden, gendertechnisch nicht penibel festgelegt. CBT nein, aufgrund kindlicher Traumatisierung mit dem Hund. AV auch okay, wenn Unterlage weich.«

Carl fährt mit dem Fahrrad nach Hause und schreibt mir von unterwegs noch eine SMS:

Danke, Süße, für den lustigen Abend, bitte leite mir Zuschriften asap weiter.

Unglaublich, er konnte noch Fahrradfahren und gleichzeitig SMS schreiben, während ich in wirre, farbenfrohe Sex-Träume falle.

Ein paar Wochen später, als Daggi tatsächlich immer noch in Carls Leben ist, lasse ich mich notgedrungen auf ein Treffen ein. Ich erwarte nichts. Aber ich mag die Frau mit dem kurzen, blonden Haar, flachen Schuhen, wenig Lippenstift, auf Anhieb. Sie trägt Jeans und eine cremefarbene Bluse, darüber einen teuren Blazer. Sie hat wie erwartet eine tolle Figur und wahnsinnig hübsche braune Augen. Daggi ist Chemikerin bei der DESY. Was Carl mir verschwiegen hat. Wollte wohl, dass ich voller Vorurteile in dieses Treffen gehe. Um mich dann mit dem gelungenen Aha-Effekt eines Besseren zu belehren. Sie ist wahnsinnig sympathisch. Wir kommen selbstverständlich, wie jedes Mal, wenn ich mit Carl zusammen bin, sofort zum Eingemachten.

Daggis täglich Brot sind elekronegative Atome. Sie verschwendet keinen Gedanken daran, ob es gesellschaftlich akzeptabel ist, einem körperlichen Bedürfnis zu folgen, das genauso wichtig ist wie essen oder schlafen. Sie erklärt Sex als rein chemischen Vorgang im Gehirn, bei dem durch Neurotransmitter Dopamin ausgeschüttet wird, die das Belohnungssystem aktivieren. Im Idealfall werde dabei auch Oxytocin, also das Bindungshormon freigesetzt, was die Chance, sich gegenseitig länger erhalten zu bleiben, deutlich erhöht.

Sie erzählt von einem wissenschaftlichen Versuch, bei dem Forscher das Hormon bei Präriewühl- und Bergwühlmäusen getestet haben. Zwei verwandte Tierarten mit einem kleinen Unterschied: Präriewühlmäuse bleiben nach der Paarung lebenslang mit ihrem Partner zusammen, Bergwühlmäuse gehen nach der Paarung getrennte Wege. Verabreicht man den Präriewühlmäusen einen Oxytocinblocker, verhalten sie sich wie Bergwühlmäuse, und »verpissen sich« nach dem Sex. Überhaupt weiß Daggi alles über Sex und Liebe. Mehr, als ich je wusste.

Daggi hat richtig was drauf. Sie wurde für einen Forschungsförderpreis nominiert, hat ihn jedoch nicht gewonnen. Das Preisgeld von 2,5 Millionen Euro ist ihr jedoch egal, ihr Jahresgehalt ist ohnehin höher als Carls und meines zusammen. Wahrscheinlich hat Carl, die Sau, das einzige Los der gesamten Plattform gezogen, das keine Niete war. Daggi meint, sie hatten nur Glück, weil ihre Neurotransmitter genügend Oxytocin ausgeschüttet haben. Wie die Gehirne der Präriewühlmäuse, also ein rein chemischer Vorgang.

Seitdem frage ich mich: Bin ich eine Bergwühlmaus? Wir wissen doch, was für ein Arschloch die Chemie sein kann, wenn es ums Verliebtsein geht.

Carl und Daggi heiraten bald. Sie wissen noch nicht, ob in ihrer Hochzeitsrede eine Legende oder die Wahrheit ihres Kennenlernens erzählt werden soll. Für die Tanten, die Mütter und den Großonkel im Pflegeheim, die vielleicht nicht ganz so pragmatisch an die Liebe herangehen wie sie, die Präriewühlmäuse. Vor allem jedoch: für die Kinder!

Was wird Max-Hugo sagen, der, seit er 15 ist, eine feste Freundin hat? Und was Daggis 20-jährige Tochter Tessa, um die sich langsam alle Sorgen machen, ob sie überhaupt schon je geküsst hat? Die ansonsten nach einem Eins-Komma-Abi erstmal Biochemie studieren wird? Genau wie ihre Mutter?

Aber: Was will man Carl und Daggi denn jetzt vorwerfen? Moralisch ethische Verwahrlosung, sittliche Verlotterung, Verrohung gesellschaftlicher Wertmaßstäbe? Daggi und Carl reisen viel, sie wandern, lieben guten Wein und gutes Essen. Beide sind gute Menschen, sozial engagiert; Daggi hat einen Sozialfonds ins Leben gerufen, der Geburtshilfe in afrikanischen Ländern mit Krisenherden unterstützt, wo seit Neuestem auch Tamara mithilft. Sie alle sind jetzt dick befreundet. Carl kümmert sich seit seiner Jugend um Obdachlose, obwohl ihm von der Stereoanlage über die EC-Karte bis zum Familiensilber so ziemlich alles geklaut wurde, was nicht niet- und nagelfest war.

»Wer hat dir die Blockade ins Hirn gesetzt, die dir verbietet, ungewöhnliche Möglichkeiten in der Liebe in Betracht zu ziehen? Das passt doch gar nicht zu dir«, sagt Carl mir noch an jenem Bolognese-Abend.

Am nächsten Morgen kommen die ersten Zuschriften.

»Du Bitch, ich will dich fesseln und dir deinen fetten, faulen Arsch mit einer mehrköpfigen Bullenpeitsche oder einem Teppichklopfer mit Kristallspittern versohlen.«

Oder: »Raus aus dem Portal, du Stalkerin, du suchst ja gar nichts, du machst dich lächerlich!«

Oder: »Du Opfer. Da kann ich mir ja gleich ’ne stumme, fette Gummipuppe kaufen.«

Nur eine Zuschrift ist ganz nett: »Nach besonders viel Aktivität im Bett klingt das jetzt nicht, was mich übrigens nicht stört, weil ich lieber der Aktive bin und dich gerne in die Geheimnisse der Erotik für Fortgeschrittene einweihen würde. Schätze, du bist ein bisschen verklemmt, aber lustig. Und PS: hübsche Füße!«

Da ist er also, der Fußfetischist.

Was ist denn jetzt eigentlich so schlimm an einem Mann, der auf schöne Füße steht? Ob Füße, Brüste, Kopfverband oder entblößte Vagina. »Das ist jetzt auch schon egal« , denke ich, und schreibe dem Absender eine kurze Nachricht, dass wir uns gerne treffen können.

KAPITEL 8

»DU KANNST DICH JETZT AUSZIEHEN, WIR RAUCHEN HIER NACKT ...«

Wie ich mich in einen Fußfetischisten mit rotem Haar und einer Schwäche für Wodka Sunrise verliebe und feststelle: Den kann ich nicht mal meinen Kindern vorstellen, ohne dass sie sagen: »Mama, dein Ernst?«

Im siebten Trennungsjahr komme ich also endgültig vom bürgerlichen Weg ab. Gefühlter Geisteszustand: Ist der Ruf erst ruiniert, dann ist es auch schon alles egal.

Unterm Strich ist es Carls Schuld – oder vielleicht auch sein Verdienst –, dass ich den mutmaßlichen Fußfetischisten in einer Bar treffe, die für Verabredungen zwischen Menschen bekannt ist, die sich nicht offiziell gemeinsam zeigen wollen. Wenn eine

Frau hört, dass ihr Mann dort gesehen wurde, ruft sie schon mal ihren Anwalt an.

Sobald man über diese Türschwelle tritt, verlässt man die Welt der türkis getünchten Burger-Lounges, wo Elbfamilien in Vater-Mutter-Kind-Besetzung ihren Wohlstand für die Allgemeinheit zelebrieren; man tritt ein in den Club der Liederlichen, der »Gegen den Wind Pinkler«, der »Jenseits der Ehe Dater«. Der gestrandeten Glücks- und Liebessucher aller Art.

Der Barkeeper mixt Drinks in Lichtgeschwindigkeit, er erkennt seine Kundschaft von Weitem. All jene, die auf irgendetwas hoffen, was sie zu Hause schon lange nicht mehr finden. Er ist auch nur ein Seelenklempner ohne Therapeutencouch und verteilt seinen Patienten ihre Sedierung in perfekten Dosen, »so dass keiner vom Barhocker kippt, aber glücklich bleibt, für den Verlauf des Abends«, sagt er. Zum Beispiel die Frau auf einem Barhocker an der Ecke, die so aussieht, als könne sie keinen Drink mehr vertragen. »Die kriegt Orangensaft, bis sie wieder aufstehen kann. Sie ist jeden Abend da.« Jeden Abend, das klingt wirklich nach Einsamkeit. Die Beleuchtung ist genau so, wie eine Frau das gerne mag, also das Gegenteil vom Aufzug unterm Neonlicht. Ein bisschen schummrig, aber schon noch so, dass man das Gesicht des Gegenübers noch deutlich erkennen kann.

Ich erkenne ihn direkt, als er die schwere Eichentür nach innen aufdrückt. Der gelbliche Scheinwerfer über dem Eingang verleiht dem rotblonden Haar des Mannes, der sich selbst als Wikinger beschrieben hat, ein grelles Orange, er leuchtet, als wäre er Jesus oder eine Heiligenfigur in einem Comic. Ich habe mich an den hintersten Platz gequetscht, nur ein schwaches Lämpchen scheint auf den kleinen, runden Tisch vor mir, so sitze ich, wie immer mit Blick in den Raum und dem Rücken zur Wand.

Der Mann ist über 1,90 Meter, seine dicken Brillengläser lassen nicht auf altersbedingte Leseschwäche schließen. Es ist die Sorte Brille, die er sicher schon als kleiner Junge trug, für die er gehänselt und ausgelacht wurde. Brille, Sommersprossen, rotes Haar. Er macht metergroße Schritte, so wie Menschen sie beim Ausmessen von Wohnungen machen; wahrscheinlich nimmt er auch immer zwei Treppenstufen gleichzeitig, vorausgesetzt, er nimmt überhaupt die Treppe. Besonders sportlich sieht er nämlich nicht aus.

Er hat breite Schultern und lange Beine. Würden wir Frauen die Männer so beurteilen wie sie uns umgekehrt, würde ich sagen: proportional betrachtet perfekte Männerstatur. Wäre da nur nicht diese Plauze, wo man die Hand drauflegen und fragen könnte: »Oh, bewegt es sich schon?« Später wird er den Spruch bringen: »Ein Mann ohne Bauch ist ein Krüppel.« Oder bei Gelegenheit: »Das ist der Kompressor für den Hammer.« Weil so eben Männer sind, die sich trotz eines derartigen Vorbaus groß und vor allem mächtig fühlen. Was uns Frauen selbst zwei Wochen vor der Niederkunft nicht so richtig gelingt. Ich fühlte mich damals nur mächtig unansehnlich und mächtig unwohl. Ich wurde nicht müde ab dem fünften Monat, als der Mittelknopf meiner Blusenkleider zu spannen begann, selbst jeder Verkäuferin in jeder Umkleidekabine zu erzählen: »Ich bin nur schwanger, also nicht, dass Sie denken …« Erst kurz vor der Geburt, als mein Körper dem eines Elefantenkalbes glich und mein Ex-Mann mich »100 – 100 – 100« nannte, sah ich so aus wie der rote Riese, der vermutlich noch nie einen Gedanken an seinen Körperumfang verschwendet hat. Das sehe ich an der

Gelassenheit, mit welcher er seine Masse durch diesen Raum bewegt. Die alles andere als gespielt ist.

Der rote Riese blickt sich suchend um, während er den Raum durchquert, bleibt neben meinem Tisch stehen und schaut beharrlich in die andere Richtung. Ist das ein Witz? Wie blind ist ein Mensch mit so einer Brille? Sieht er seine Hand am Lenkrad? Nur falls er Auto fährt. Soll ich die Zeitung noch schnell vors Gesicht halten, abwarten, bis er sich setzt, und dann unauffällig den Laden verlassen? Hat er mich echt nicht gesehen? Andererseits: Warum will ich überhaupt gehen? Was spricht gegen den roten Riesen, der neben mir immer größer, schwerer, stärker sein wird, als ich es je sein werde? Was mir gerade nach Leo als echter Fortschritt erscheint. Neben mir ist er Winnie-the-Pooh neben Piglet, dem Ferkel. Davon abgesehen, dass meine Füße hübscher sind als Piglets Schweinshaxen.

Er geht zum zweiten Mal an mir vorbei. Bin ich unsichtbar? Auch für den Fall, dass da wirklich etwas zwischen uns wäre. Dieser Magnetismus des Universums, wie Rike das nennt. Würde er mich dann nicht fühlen können? Meine magnetische Aura? So viele Einzeltische mit alleinsitzenden Frauen gibt es auch wieder nicht in dieser Kneipe. Wenn der Riesenmaulwurf zum dritten Mal meinen Tisch passiert, spreche ich ihn an. Dies geschieht dann auch knapp 30 Sekunden später.

Ich: »Eigentlich wollte ich barfuß kommen, aber die Jahreszeit ist ja ungünstig ... (Es ist Februar.) Aber vielleicht willst du dich trotzdem setzen.«

Der rote Riese lacht übertrieben laut, setzt sich dicht neben mich auf die Bank, etwas zu dicht, sagt seinen Namen, gibt sich hocherfreut. Er küsst mich so oft rechts, links, rechts, als würde er eine Gruppe Französinnen begrüßen. Haut übertriebene Komplimente raus. Diese Füße hätten nun wirklich auf ein schönes Gesicht schließen lassen, »aber sooo schön …« Ich bedanke mich artig. Denke aber insgeheim: »Wenn du wüsstest, wie lange das gedauert hat.« Und »Oje, hat der Druck.« Tatsächlich habe ich tief in den Farbtopf gegriffen. Während ich früher nicht mal ungeschminkt zum Briefkasten gegangen bin, greife ich heute nur noch vor Dates und offiziellen Terminen zur Maquillage. In meinem Kühlschrank gammeln seit zehn Jahren Nagellacke vor sich hin, meine Lidschattenpalette ist älter als Caspar und trotzdem wie neu, der Nichtzerfall von Lidschatten ist faszinierend. Der rote Riese bestellt Wodka Sunrise, meinen Wunsch nach einer Weinschorle tut er als überflüssig ab, mit den Worten: »Wein mit Wasser, so ein Scheiß, im Wasser ficken die Fische, sagte bereits Hemingway.«

»Na ja, wenn Fische ficken würden«, sage ich. »Weibchen laichen ihre Eier ab, die Jungs schwimmen drüber und befruchten den Laich, ohne die Mädels zu berühren. Äußere Befruchtung nennt sich das. Und das Zitat ist auch nicht von Hemingway, sondern von W. C. Fields …«

Stört ihn nicht. Sein Lachen ist laut. »Haha, endlich mal 'ne Frau, die in Bio aufgepasst hat? Äußere Befruchtung – schade, schade. Dabei klingst du eigentlich gar nicht sooo aufgeklärt, in der Selbstbeschreibung in deinem Profil …«

Okay, sein Punkt. Ich bin also hier der peinliche Klugscheißer. Nicht er. Sieht er, dass ich rot werde, mit dieser Brille, in diesem Licht? Ich kann nicht über mein Onlineprofil sprechen, das muss er verstehen. Es geht einfach nicht.

Ich kriege trotzdem keine Weinschorle.

Der rote Riese hat kein Profil auf besagter Plattform, er ist nur Besucher. Was sucht er? Formbare Weibchen, sexuell unterentwickelt, unerfahren, passiv, kurz vor Ende der Fruchtbarkeit?

Der Mann wirkt chauvihaft, selbstsicher, verpeilt. Wäre diese Strahlung nicht, der Magnetismus zwischen Himmel und Erde, der manchmal da ist, obwohl man nicht weiß, warum: Ich wäre längst weg! Auf dem Weg zur S-Bahn-Station, nach Hause, aufs Sofa vor irgendeinen Streamingdienst. Ich denke an Daggi und daran, was sie über Chemie gesagt hat. Es ist einfach eine chemische Reaktion, wir können nichts dafür, ob wir Berg- oder Präriewühlmäuse sind. Ich denke daran, mit wie vielen seriösen Anzugträgern mit Hermès-Krawatten ich mich in seriösen Lokalen bei zivilisierten Getränken und gepflegter Konversationen getroffen habe. Und? Sprang je ein Funke? Ich meine: Warum legt mir der liebe Gott so einen Riesenkarpfen aus einem trüben norddeutschen Tümpel auf meinen Teller anstatt eines schillernden Edelfisches aus der Nordsee, der mein Herz mal etwas schneller schlagen lässt?

Es ist das Gleiche wie mit Leo in der Stangentanzbar. Insgeheim bin ich vielleicht doch eher der Kiezkaschemmentyp. Ich gehöre einfach hierher. In die Schmuddelecke, ins Schummerlicht. Zumindest mein Unterbewusstsein assoziiert Sex mit etwas Heimlichem, Verbotenem. Und eben auch ein bisschen etwas Schmutzigem. Solange der Funke des Verstandes noch irgendwie durch die Schmutzschicht scheint. Denn der Umkehrschluss, dass automatisch jeder Schmuddelheini vom Kiez sexyer ist als jeder Kerl im Cashmeresakko – das kann ich auch nicht so stehenlassen.

Fest steht: Ich stelle den »Im Wasser ficken die Fische«-Mann nicht meinen Kindern vor. Meiner Mutter? Nein. Meiner Schwester? Vielleicht. Meinen Freundinnen? Kommt auf die

Freundin an. Auch wenn er mir selbst ausnehmend gut gefällt, frage ich mich: Warum?

Ehe der erste Wodka Sunrise zur Neige geht, registriere ich enorme erotische Energie in meinem Bauch. Sein Lachen ist zu laut, seine Gesten sind Wodka-Sunrise-Gesten, alles an ihm ist zu viel, zu schrill, zu opulent. Sein oberer Hemdknopf ist offen, was seine (rot) behaarte Brust freigibt; das dunkelblaue, leicht glänzende Hemd spannt über seinem Bauch – immerhin, er trägt ein Hemd –, vermutlich stammt es aus schlankeren Zeiten, und seine Goldrandbrille sieht auch ausgesprochen teuer aus. Das viel zu süße, klebrige 70er-Jahre-Getränk, katastrophale Kombination aus Hüftgold und Kater-Macher, steigt mir in den Kopf. Ich wette mehrere Flaschen Aldi-Champagner: Der rote Riese ist ’ne Sex-Maschine.

Wir spielen das Spiel Nordsee oder Ostsee, Bratkartoffeln oder Pommes, Obama oder Macron, Frankreich oder England, Schach oder Mühle. Ich bin frankophil, er steht mehr auf England. Also, Alan Rickman oder Gérard Depardieu. Rickman ist tot. »Also Depardieu, ich weiß«, sagt er, »ich erinnere dich an ihn.« Wir sprechen über eine unserer Lieblingsrollen von Depardieu und, zugegeben, jetzt, wo er mir gegenübersitzt, weiß ich, warum er mich an ihn erinnert. In *Chanson d’Amour* spielt er einen abgehalfterten, mäßig erfolgreichen Schlagersänger, der sich aussichtslos in eine Frau verliebt, die viel zu jung und viel zu schön für ihn ist. Die Frau verliebt sich auch zurück, und zwar, weil er ist, der er ist. Ein Happy End gibt es trotzdem nicht, denn die Frau verlässt die französische Provinz bei Clermont Ferrant, weil sie sich ihr Leben anders vorstellt. Er kann die Gegend nicht verlassen, weil sein beruflicher Erfolg nicht über deren Grenzen hinausreicht. Als er einmal die Chance erhält, auf der großen Weltbühne zu spielen, macht er sich davon. Was sehr viel Würde hat. Depardieu hat eine extrem erotische Aura in diesem Film, obwohl er da auch schon 60 und ein dicklicher, älterer Mann ist.

Wie viele Frauen mögen das Herz des roten Riesen atomisiert haben? Warum erinnert er mich an den leicht angeschossenen Schnulzensänger? Wegen seines dicken Bauches? Seiner Haarfarbe? Auch er ist ein Charmeur, so ein »Woman's Man« klassisch alter Schule. Er ist auch der Typ, der den Damen im Altersheim reihenweise die Hände küsst und sie mit Komplimenten überhäuft.

Eine aussterbende Spezies, die Sorte, die gerne ein bisschen rumcharmiert und sich nicht dem Trend der Zeit beugt. Er ist das Gegenteil dieser »Sex ist mein Workout«-Jünger mit Deckenspiegel im Schlafzimmer, die das Spiel ihrer Muskeln während des Vögelns im Spiegel betrachten, während die Frau sich in akrobatischen Pornoqueen-Posen abmüht. Überhaupt will ich diese Frau sehen, der nachgespielte Pornofilme gefallen.

Der Mann, der vor mir sitzt, liebt die Frauen, wenn auch sicher nicht nur eine. Er besitzt spürbare Hingabe, auch bevor man mit ihm im Bett war. Er ist energetisch, präsent und er hört zu. Außerdem berichtet er auch unerfreuliche Dinge aus seinem Leben. Er war Finanzvorstand einer internationalen Firma, hat vor Kurzem seinen Job gekündigt, eine Abfindung mit einigen Nullen kassiert, die er jetzt nutzen will, um seinem Herzen zu folgen. Um sich selbst zu finden. Bali, Indien, Indonesien. Er weiß es noch nicht genau. Eben die Basis suchen, das Spirituelle, das Kamasutra rauf und runter, vor allem das. Vielleicht macht er auch eine Ausbildung zum spirituellen Sex-Coach.

Ich konzentriere mich darauf, trotz des pink-orangen Drinks nicht alles zu sagen, was ich denke. Und vor allem nicht zu lachen. Zum Beispiel, dass kein Mensch eine Abfindung bekommt, wenn er selbst gekündigt hat. Es liegt auf der Hand, dass er gefeuert wurde. Im Zweifel bitte schweigen, sagt meine Therapeutin immer. »Zerschießen Sie nicht Dinge vorschnell mit Worten. Sie haben es oft hinterher bereut. Vor allem, wenn Sie Menschen noch nicht kannten …«

Also sage ich stattdessen: »Aha, sehr interessant. So *Eat Pray Love*-mäßig?«

Ja, er kennt das Buch. Ich bin sicher, er weiß, wie man die besten Spaghetti Carbonara an der Elbe macht. Und dass er vom Lieben viel Ahnung hat, das ist so sicher wie der Wodka in dem perversen Drink. Aber was ist mit Beten?

Tatsächlich ziehen ihn spirituelle Schwingungen demnächst ins Ashram nach Rishikesh, in die Hauptstadt des Yoga, wo er nicht schweigen, sondern in erster Linie beten und den Boden schrubben will, um seine Seele zu reinigen. Ich bestätige die Theorie, dass Sauberkeit gut für die innere Hygiene ist, wobei das für mich für zu Hause und nicht für anderer Leute Böden gilt.

Seine Frau ist mitsamt Tochter letztes Jahr ausgezogen, bei ihm heißt das: »Wir haben uns getrennt.« Was zwar immer besser klingt als: »Sie hat mich verlassen«, was er indirekt aber zugibt, als er sagt, er wollte das eigentlich nicht. Seine Tochter ist so alt wie Caspar, er zeigt mir Handyfotos, was ich mir, umgekehrt, erspare. Ein hübsches Mädchen, wie hübsche Mädchen mit 13 eben aussehen. »Ist sie nicht eine echte Prinzessin!«, sagt er. Ein Foto zeigt ihn in ihrem Mädchenzimmer, ein riesiges weißes Einhorn ziert die pinke Tapete, er steht davor, mit genau diesem Drink in der Hand, Ton in Ton auch mit dem Kleid seiner Tochter. Wodka-Sunrise-Farben.

»Wow«, sage ich, »Ton in Ton. Irgendwie alles pretty in Pink …« Er lacht, sein rotblondes Haar sieht rosa aus in diesem Licht, seine grünen Augen leuchten. Er habe sich noch nie mit Farben beschäftigt. Sondern mehr mit Zahlen. Also frage ich doch: Warum er überhaupt gekündigt habe, seinen Job, das sei doch offenbar ein Superjob gewesen? Nein, nein, er führe hier keine bürgerlichen Dialoge. Wenn eine das verstehen kann, dann ich. Er sei hier nicht beim Vorstellungsgespräch und habe mir für unser Date auch keinen Lebenslauf ausgedruckt. Sorry.

Man ahnt, dass der Jobverlust einen tiefen Riss in seiner Vita verursacht hat, wie auch seine relativ frische Trennung. Ich raune meiner inneren investigativen Reporterin zu: Geh nach Hause. Ich bin privat hier. Flüstere ihm lieber pigletmäßige Sauereien ins Ohr, anstatt Lebensumstände auf Kompatibilität abzuklopfen. Das kann ich eh vergessen. Wir sind schließlich nicht Carl und Daggi. Aber wer ist das schon?

Wobei: Eine Parallele gibt es. Auch er ist Naturwissenschaftler, hat Physik und ein paar Semester Mathematik studiert. Mir gefällt der naturwissenschaftliche Forschergeist, diese wertfreie Herangehensweise, gerade beim Thema Sex. Ich war noch nie mit einem Mathematiker im Bett und bin bereit für alle möglichen Experimente. Solange es nicht wehtut. Was macht einer, der rechnen kann und analytisch ist und zeitgleich ein Freigeist auf einem spirituellen Selbstfindungstrip, in der Kiste? Ich will es wissen.

Ich brauche keine Umwege, keine weiteren Drinks und keine Versprechen, keine Blumen, keine Pralinen, keine Show, auch kein zweites oder drittes Date, bevor ich mich von ihm verführen lasse. Dass von mir umgekehrt nicht viel zu erwarten ist, das weiß er ja bereits. Und es scheint ihn nicht zu stören. Meinetwegen können wir sofort los. Zu ihm. Oder zu mir.

Ist mir so was von egal.

Er zahlt (ich wusste es) und schlägt vor, dass wir zu ihm fahren, weil er um die Ecke wohnt. Er schlingt seinen Arm fest um meine Taille und hält ein Taxi vor der Kneipe an. Er ist das erste Date meines Lebens, mit dem ich direkt nach Hause gehe. Es muss 25 Jahre her sein, als ich in Paris einen Posaunisten an der Opéra kennenlernte, mit dem ich direkt im Bett gelandet bin. Genauso gut hätte es sein können, ich lande am nächsten Tag in der Gerichtsmedizin, auf dem Seziertisch, in Einzelteilen. Mein Aufenthalt bei ihm war überaus charmant und erst dann beendet, als seine Frau nach Hause kam. Ich musste, wie in einer schlechten Komödie, zur Balkontür raus. 48 Stunden später.

Weil meinem Begleiter nicht entgeht, dass ich versuche, mein Bauchgefühl zu aktivieren, sagt er: »Das Leben ist zu kurz für zwei Dates vor dem ersten Sex. Wir sind eindeutig erwachsen.«

Er lacht. Er wohnt in Blankenese, mitten im Treppenviertel, so dass wir mindestens 60 Treppenstufen in Richtung Elbe herabsteigen müssen, ehe wir seine Wohnung erreichen. Er wohnt im oberen Stock einer 100-jährigen, hellblauen Gründerzeitvilla, so ein typisches Schmuckstück mit Türmchen und Erker, Terrasse und Elbblick. Eine knarrende Holztreppe führt hinauf in den ersten Stock, er bewohne die oberen beiden Stockwerke, unten wohnt nur der Vermieter, ein alter Drachen, der niemals schläft und gerne mit dem Besenstiel an die Decke klopft, wenn es laut wird.

Er schließt die große Flügeltür seiner Wohnung auf; das Erste, was mir im Hausflur begegnet, ist ein Ganzkörperfoto seiner Tochter in Echtgröße. Er sagt ihren Namen wie »Ehre sei Gott« und bleibt neben dem Poster stehen. »Süß«, sage ich und gehe schnell weiter in Richtung Küche. Wenn ich zu viele nette Dinge über das Mädchen sage, muss ich sonst noch weitere Fotos von ihr ansehen. Man kann ihr jedoch nicht entkommen.

In der Küche hat sie eine ganze Fototapete eingenommen, im Flur hängen ihre Fotos eingerahmt, zwischen Fotos anderer junger Menschen, die ich nicht einordnen kann. 30 von insgesamt 50 Bildern zeigen seine Tochter. Das Mädchen im Kinderwagen, auf der Blumenwiese mit Gänseblümchenkranz, an der Hand mit – vermutlich – ihrer Mutter, die genauso aussieht, bei der Kommunion (schön, er ist auch katholisch), in der Badewanne, beim Schulausflug zwischen anderen Mädchen. Er öffnet die Kühlschranktür. Eine Salami, ein paar Joghurts. 20 Flaschen Bier und genauso viele Flaschen Weißwein. Es sieht aus wie der Getränkekühlschrank eines Restaurants. Was willst du trinken? Weinschorle? Ich wollte gerade Wasser sagen (aber ich kenne den Spruch ja jetzt), da hat er auch schon eingeschenkt. Ein Wasserglas voll Wein.

Sich selbst schenkt er auch ein Wasserglas voll Wein ein, macht sich jedoch zuerst noch einen Whiskey, den er in einer Kristallkaraffe in einem antiken Eckschränkchen aufbewahrt. Er hat auch Gästezigaretten, die er in bestimmten Situationen raucht, für die wir auf die Terrasse gehen. »Wir haben gerade so gut durchgelüftet«, sagt er. (Wir?) Sonst dürfe man schon auch in der Küche rauchen. Draußen stehen geschmackvolle Holzliegen, er bietet an, die Polster aus dem Keller zu holen, was ich dankend ablehne. Er holt Decken und ein Teelicht.

Dann setzt er sich mir gegenüber und fragt, ob er mir die Schuhe ausziehen darf. Klar darf er. Er hat meinen linken Fuß in seinen großen, warmen Händen, zieht meine Socke herunter und beleuchtet meinen Fuß mit dem Feuerzeug, legt ihn in seinen Schoß und beginnt ihn zu massieren. »Wusstest du, dass du die Füße einer griechischen Göttin hast? Bei den alten Griechen galt es als Schönheitsideal, wenn der zweite Zeh deutlich länger war als der erste, und überhaupt hast du lange Zehen. So schöne Füße …« Ich hatte schon diverse Fußmassagen, meine Thai-frau im Nagelstudio macht verdammt gute Fußmassagen und bei meinen Großeltern waren Fußmassagen quasi der Sex des Alters. Großmama und Großpapa haben sich, jeweils am anderen Ende des Sofas sitzend, unter ihrer gelb-orangen Heizdecke die Füße massiert.

Und wie läuft das jetzt? Muss ich seine Füße jetzt auch massieren? Und was, wenn ich nicht auf Füße stehe? Will er jetzt Sex mit meinen Füßen? Fußjob statt Blowjob? Sicher voll effizient für die Bauchmuskeln. Ich trinke das halbe Weißweinglas in einem Zug aus. Ohne Alkohol steh ich das nicht durch. Ohne Alkohol hätte ich dieses Profil nicht erstellt. Ohne Alkohol wär ich gar nicht erst hier.

Ich sage: nichts. Ich lasse mich führen. Wie beim Tanzen. Er führt. Und ich bin sicher, er ist eine gute Führungskraft, in der Liebe. Inzwischen kniet er vor dem Stuhl, auf dem meine Füße liegen, und leckt meine Zehen einzeln ab. Was teilweise ganz schön kitzelt. Ich kann seinen Blick im Kerzenschein kaum erkennen, er hat seine Brille auf den Tisch gelegt. Dann küsst er sich von den Füßen langsam an den Innenseiten meiner Schenkel hoch. Gut, dass ich Wollleggins unter dem Rock trage. Überhaupt gut, mitten im Winter auf einer Terrasse mit Elbblick zu sitzen, in eine Wolldecke gehüllt, worunter ein rotblonder Schopf sich gerade an meine Schenkelinnenseite gefährlich nah in Richtung Abgrund bewegt. »Klapp deinen Liegestuhl zurück und genieß einfach«, befiehlt er. Die Liege ist nicht geölt, mit einem lauten Quietschen knallt mein Oberkörper ruckartig nach hinten, so dass sein Kopf zwischen meinen Beinen landet, ziemlich punktgenau dort, wo er ohnehin demnächst angekommen wäre. Ich schließe die Augen, seine Lippen und seine Finger machen alles genau so, als hätte er sehr viele sehr gute Lehrerinnen gehabt.

»Willst du hier vögeln?«, fragt er. Und weil das gerade so schön ist, Sex im Winter unterm Sternenhimmel, sage ich: »Hier!« Er knöpft seine Jeans auf, zieht seine Hose runter, ich werfe noch einen Blick auf seinen Penis, der ebenso groß ist wie alles an ihm, seine Hände, seine Klappe, der ganze Kerl, der er ist. Und dann beugt er sich über mich, zieht mit einem Handgriff ein Kondom über und bringt die ganze Sache zu einem Happy End. Währenddessen küsst er mich zum ersten Mal. Es dauert keine zwei Minuten. Die Ahs und Ohs und Jas sind ziemlich laut währenddessen. Das ist übrigens ganz neu bei mir: Während ich als junge Frau Ewigkeiten brauchte oder praktisch nie zum Orgasmus kam, ist das heute eine Sache von drei Minuten.

Der Nachbar von unten klopft mit einem Besenstiel gegen die Decke und brüllt: »Hey, ihr Verrückten da oben, Ruhe, es ist nach 24 Uhr.«

Der rote Riese brüllt zurück: »Schnauze da unten, es ist Wochenende.«

Der von unten brüllt hoch: »Was heißt Wochenende, man kann auch leiser bumsen.«

Der Riese: »Nein, wenn du sie sehen würdest …«

Oh Mann, was für ein Schmeichler.

Unten: »Du kannst was erleben! Ich komme gleich!«

Der Rothaarige: »Ich hab's geahnt …«

Ich glaub, ich bin im falschen Film. Einer Mischung aus Softporno und Slapstick. Ich erfahre, dass der von unten jedes Mal, wenn er Sex habe, mit dem Besenstiel gegen die Decke klopft. Und das ziemlich laut. Was heißt denn jetzt jedes Mal? Immer stolpere ich über dieselben Sachen. Was, mit wem, warum, wie oft? Und dann tut es immer ein bisschen weh. Als könnte ich nicht einfach danach fragen. Mir fällt auf, dass ich das (vorsichtshalber) schon wieder nicht getan habe.

»Los, gehen wir rein«, sagt er und befiehlt mir, mich in sein Bett zu legen. Er gibt mir ein großes, labbriges, wunderbar durchlöchertes Schlaf-T-Shirt, weil es im Februar bei offener Terrassentür zu kalt ist, um nackt zu schlafen. Das Schlafzimmer ist riesig, zwei Meter hohe Stuckdecken, antike Möbel, lilafarbene Bettwäsche, die zumindest frisch bezogen riecht. Er legt sich dicht hinter mich und umfasst mich mit den Händen. Er kneift mir in den Bauch. Es stört mich nicht. Wir wachen etwa alle zwei Stunden auf, weil immer einer am anderen herumgrabbelt, bis der eine trotz Halbschlaf so scharf ist, dass es immer und immer wieder passiert.

Am nächsten Morgen gegen 10 wachen wir auf, Tageslicht fällt milchig durchs Fenster – und auch im Schlafzimmer ist eine ganze Fotowand mit Bildern seiner Tochter tapeziert. Fast ein bisschen so, als wäre sie schon tot, was mitnichten der Fall ist. Sie ist quicklebendig, kommt gegen 14 Uhr, dann wollen sie, Vater und Tochter, in die Badebucht, nach Wedel. Er sieht sie jedes zweite Wochenende, genau wie bei uns, und dann bleibt sie bis Montag, bis sie zur Schule geht.

Er will mir noch einen Kaffee machen, ich bemerke seine Hektik angesichts des Besuches seiner Tochter. Mein Gesicht im Badezimmerspiegel spricht Bände: Meine Haut am Kinn und auf den Wangen löst sich ab, ich sehe aus, als hätte mir jemand Säure ins Gesicht gekippt. Der rote Dreitagebart hat doch so heftig an mir herumgekratzt. Mein Unterleib schmerzt, ich muss duschen und weiß nur, dass ich nach Hause will, in meine Wanne, in meine Wohnung, auf meine Couch. Es war schön. Sehr schön sogar. Eine absolute sexuelle Überdosis, die ich so seit zwei Jahrzehnten nicht erlebt habe.

Ich gehe zur S-Bahn Blankenese und summe so vor mich hin wie jemand, der frisch bedröhnt und morgens schon gekifft hat. Ziehe meine Wollmütze tief ins Gesicht; er hat mir einen weichen Schal geliehen, den ich mir um die untere Gesichtspartie wickle. Den er »wiederhaben« will. Na klar, es wird auch um den Schal gehen, in der nächsten SMS, selbst wenn man sich so abgeklärt verdorben in der Mitte des Lebens auf einer Fickplattform akquiriert hat. Dann ist man halt doch plötzlich wieder ganz klein.

Ich berichte nur Katharina vom roten Riesen, von seiner Tochter, seinem verlorenen Job und seiner Schwäche für Wodka Sunrise. »Lass ihn nicht in dein Leben«, sagt sie, als Psychiaterin kennt sie die Probleme von Menschen mit suchtkranken Partnern. »Ein Trinker auf dem Weg ins Ashram ist das Letzte, was dir jetzt guttut.« Auch seine Fähigkeiten als Liebhaber überzeugen sie nicht, die Sache fortzuführen. Was ich erzähle, reicht ihr, um mir unmissverständlich klarzumachen: »Finger weg von diesem Mann.«

Trotzdem will ich ihn wiedersehen. Ich versuche seine Nachrichten in den nächsten Tagen so zu beantworten, dass alles ein bisschen entspannt wirkt. Er schickt Fotos von Blumen. Von seiner Tochter. Ich schicke hauptsächlich Fotos von meinen Füßen.

Ich will nicht die neue Mutter seiner Übertochter werden, die offensichtlich genauso aussieht wie seine Ex, die ihn gerade erst verlassen hat. Meine Vermutung, dass er aufgrund eines Rauschmittelproblems die Firma verlassen musste, recherchiere ich nicht. Es ist nur ein Gefühl. Ich werde nicht seine Kaffeetassen spülen, nicht sein Bett beziehen, nicht seine Hemden bügeln, die er als ehemaliger Finanzchef eines börsennotierten Unternehmens zweifellos besitzt. Er wird nicht umsonst rausgeflogen sein. Auch nicht aus seiner Ehe.

Er ist gut im Dirty Talk und auch der praktischen Ausführung desselben, also lassen wir es dabei. In meinem Alltag ist keine Lücke frei für einen Mann. Außer an kinderfreien Wochenenden. Außer für das, was ich in unserer ersten Nacht getan habe. Und zwar auf Vorrat: Sex. Kann man eigentlich auf Vorrat vögeln? Wie Eichhörnchen, die sich einen Wintervorrat anfressen?

Alle anderen Posten, Essen, Kochen, Kino, Theater, Fernsehen, Schwimmen, Spazieren gehen, sind einfach belegt. Und wenn ich abends auf dem Sofa sitze, kuschelt links Ben und rechts, inzwischen mit Sicherheitsabstand, der halb erwachsene Caspar. Selbst zu Events aller Art gehe ich lieber allein. Keiner, den ich im Auge behalten muss, falls er gerade flirtet. Noch viel besser: Ich kann flirten. Oder auch einfach mit niemandem reden. Es ist nämlich dann auch niemand da, der mir vorschreibt, mit wem ich was wie zu kommunizieren habe. Tja. Selbst ins Kino gehe ich für mein Leben gern allein, sogar früher schon, als junges Mädchen. Nur habe ich schon damals so getan, als hätte meine Begleitung sich verspätet, und hörte einmal dann noch, wie einer zum anderen sagte: »Guck mal, die Arme, die ist ja schon wieder allein …« Das Schlimmste am Singledasein ist übrigens genau das! Was die anderen schon wieder sagen.

Im Laufe der Wochen macht der rote Riese ein paar Versuche, bei mir vorbeizukommen, die ich abwende. Meine Kinder sind zu Hause. Ich will sie nicht mit einem Mann konfrontieren, mit dem ich ein paar heiße Nächte verbracht habe. So wie damals, als sie noch klein waren. Als ich Adrian morgens um 7 im Schlafanzug unterm Mantel klingeln ließ und so tat, als käme er nur zum Brötchenbringen.

Ich denke an Kathis neuen Freund, der nach ein paar Wochen endlich bei ihr übernachten durfte, als die Kinder zu Hause waren. Als er morgens in der Dusche stand, kam ihr Fünfjähriger ins Bad und brüllte: »Mama, du musst dringend mal gucken kommen, dem Tim sein Pimmel ist doppelt so dick wie dem Papa seiner.« Klar lachen sich Freundinnen schlapp bei solchen Geschichten. Andererseits stellt sich die Frage: Wie viele nackte Männer, die nicht Papa sind, darf ein Kind im Laufe seiner Kindheit unter der Dusche sehen? Einen? Drei? Oder besser gar keinen?

Was, wenn Ben mitten in der Nacht aufwacht, und wegen schlechter Träume in mein Bettchen schlüpfen will? Ganz zu schweigen von Caspar, der gerade das Spielfeld Pubertät beschritten hat? Ich will nicht, dass ein Mann bei mir schläft, wenn meine Kinder da sind. Was mich stört an der Aussage: »Mama hat Sex«? Ich kriege heute noch eine Gänsehaut, wenn ich daran denke, dass ich einmal mitten in den Liebesakt meiner Eltern hereinplatzte und brüllte: »Könnt ihr nicht ABSCHLIEßEN?!« Doch das waren immerhin meine Eltern!

Unverbindlicher Sex soll nicht das Wertesystem meiner Kinder beeinflussen. Also fahre ich mal wieder mit angezogener Handbremse los. Was nicht nur meinem Alter und der Erfahrung, sondern auch der Art und Weise des Kennenlernens geschuldet ist. Ich bin gut darin geworden, Gefühle unter Kontrolle zu behalten, erst recht, wenn mein Verstand Vorbehalte hat. Also das gleiche Spiel wie mit Leo: Wir beschränken unsere Treffen auf kinderfreie Wochenenden. Selbst den freien Abend in der Woche brauche ich für andere Dinge, um am nächsten Tag nicht völlig gerädert zu sein. Nach Treffen mit ihm, dem roten Riesen, bin ich am nächsten Tag arbeitsunfähig, so viel Kraft kostet er mich. Trotz all der Freude.

Es ist unser vierter oder fünfter Samstag, mein Auto parkt von einer Feier vom Vortag bei ihm um die Ecke, kurz vor Blankenese. Ich freue mich auf ihn und bringe wie vereinbart Essen vom Vietnamesen und eine Flasche Wein mit. Ich fühle mein Herz bis an die Schläfen klopfen, meine Knie sind voller Watte, meine Hände sind nicht mehr feucht, sondern patschnass bei dem Gedanken an ihn und daran, was jetzt gleich passieren wird. Als ich vor seinem Haus stehe und wie beim ersten Mal seinen Klingelknopf suche, steht auch schon der alte Drachen aus dem Erdgeschoss hinter mir und fragt: »Geht es Ihnen gut? Sie wirken so atemlos …« Er wirkt übellaunig und riecht nach Schnaps, ich versichere ihm, dass es mir super geht, ich mit seinem Nachbarn verabredetet sei, und wünsche ihm einen schönen Abend. Er nuschelt irgendwas wie »Schon wieder eine!« und »Der Typ hat's echt drauf«, dann klatscht er scheppernd seine Wohnungstür zu. Die Info hätte mir um ein Haar die

Laune versaut. Ich atme durch und bin fest entschlossen, den Abend zu genießen.

Wir essen am Küchentisch. Er schaut mir tief in die Augen, massiert meine Füße, seine Hände sind warm, er macht Komplimente und küsst mich. In seinem Flur stehen viele Schuhe, vor allem Frauenschuhe. Auf meine Frage, wer sonst noch alles da ist, sagt er: »Meine Untermieterin, vielleicht ist ihre Freundin noch da.« – »Was soll's« , denke ich, »bei den vielen Zimmern. Bei seiner Finanzlage, bis er sich neu organisiert hat, nach seinem Rauswurf aus der Firma, ist die Bude auch echt zu groß für einen allein.« Gegen 23 Uhr gehen wir ins Bett und haben Sex wie ein »normales« Paar; nach ein, zwei Stunden falle ich in einen tiefen Schlaf. Bis am frühen Morgen ein Typ vor meiner Bettseite steht und mich auf die Schulter tippt.

Meine Digitaluhr auf dem Handy zeigt 4.57 Uhr. »Du da, das ist mein Bett«, sagt der halb nackte, fremde Mann vor meinem Bett, worin ich (inzwischen allein) liege. Fest steht: Es ist nicht der Mann, mit dem ich vor ein paar Stunden gemeinsam in dieses Bett gestiegen bin. Er ist jung. Schlank. Dunkelhaarig. Der junge Mann trägt Socken und Boxershorts mit Rennautos drauf, sonst nichts. Er nimmt die Decke neben mir hoch und legt sich neben mich. Einfach so. Er müsse jetzt schlafen, sagt er. »Was machst du hier?«, frage ich ihn, doch da schnarcht er schon. Ich werfe mein Kleid von gestern Abend über und gehe in Richtung Küche. Eine Zigarette wäre jetzt gut. Ich rauche nur in Ausnahmesituationen. In der Küche sitzen zwei Frauen, beide zehn, 15 Jahre jünger als ich. Die blonde, ältere von beiden hat ein kurzes, durchsichtiges Nachthemd an, die zweite, brünette ist bis auf die Unterhose nackt. Der rote Riese sitzt ebenfalls dabei, nackt auf einem Holzstuhl, als Hahn im Korb am Küchentisch. Und raucht.

XL-Plauze, entblößtes Gemächt, zumindest seine Brille sitzt noch auf seiner Nase. Auf dem Tisch stehen etwa 15 leere Bierflaschen und mehrere Weinflaschen, von denen er wenigstens eine mit mir gestern Abend getrunken hat.

»Wer is'n die da?«, fragt das jüngere, nackte Mädchen meinen Gastgeber mit Seitenblick auf mich. Sie scheint der deutschen Sprache kaum noch mächtig. »Ach, sie ist eine von der Plattform ...« Die andere Frau guckt mich freundlich an, stellt sich als Hausbesitzerin und »WG-Chefin« vor und nuschelt etwas wie »seine Freunde sind auch meine Freunde«. Die Nackte findet es irgendwie abgefahren, »dass solche wie sie in ihrem Alter auch noch so Sachen machen ... hicks ... aber die hatten ja früher auch schon so ... wie hieß das noch mal ... so ... hicks ... so Kommune 1 und so in Berlin ...«

»Ja, stimmt«, sage ich – das war allerdings die Generation meiner Eltern, so alt sei ich dann auch wieder nicht. Ich frage, ob jemand eine Zigarette für mich hat. Die Ältere im Negligé wirft mir die Zigarettenschachtel zu und sagt: »Bedien dich!« Sie zeigt auf das Mädchen oben ohne, das nicht mehr geradeaus schauen kann: »Die ist heute unser Gast. Aber du bist ja jetzt auch hier, du siehst super aus, wir haben also zwei Gäste, cool, oder Schatz?«, sagt sie zum roten Riesen. Schatz behält sein Pokerface. Hat mein Gastgeber eine Sex-Party gefeiert, also noch eine, während ich schlief? Er muss ja echt ein Liebesgott sein. Wir hatten immerhin auch schon ein bis zwei sexuell intensive Stunden zusammen.

Ich schaue ihn an, fragend, damit er etwas sagt. Ich kann es kaum erwarten, Carl anzurufen, um ihm zu berichten, wohin mich unser Abend geführt hat. Er flippt aus, wenn ich ihm das erzähle. Nicht vor Schadenfreude, sondern einfach aus Begeisterung darüber, wie unterschiedlich solche Abenteuer enden können. Bei ihm vorm Altar. Bei mir in einer polyamourösen Sex-WG. Und dann noch mitten in Blankenese, auf dem Waseberg, bei einem Mann ohne Job und ohne Bodenhaftung. Dafür aber mit sehr jungen Freundinnen und einem Talent, im richtigen Moment das Falsche zu sagen, oder so weitab von dieser Welt, dass man ihm noch nicht mal böse sein kann. Er sieht mich an, lächelt und sagt: »Du kannst dich jetzt ausziehen. Wir rauchen hier nackt …«

Wo bin ich hier? Wer denkt er, wer er ist? Rainer Langhans mit seinen drei Freundinnen in seiner Sex-WG in München-Schwabing? Jeder hat jeden lieb, jeder mit jedem, oder wie läuft das jetzt hier genau?

Immerhin, sie haben mich nicht angespuckt, als ich, Gott sei Dank bekleidet (aus wessen Bett denn jetzt überhaupt?), in die Küche kam und rauchen wollte. »Hier, trink noch ein Bier«, sagt die blonde Frau im Negligé und schiebt mir eine Flasche Tannenzäpfle rüber, die sie vorher mit dem Feuerzeug öffnet.

Das ist also mein frühes, Sonntagmorgen-Dämmerfrühstück an einem nicht ganz normalen Küchentisch in Hamburgs properstem Vorort. »In deinem Alter habe ich geheiratet und mein erstes Kind gekriegt«, sage ich zu ihr. Es kommt mir unwirklich vor, das zu sagen, ich will sie weder ärgern noch belehren, eigentlich spreche ich eher mit mir selbst. Ich will mich auch nicht zum Vorbild stilisieren, denn der Zeitpunkt, um anzugeben, ist wirklich so was von drüber.

Ich sage das nur, weil ich so dankbar bin. In genau diesem Moment. Dass ich zwei tolle gesunde Kinder habe. Die ich geschafft hab, ohne unter die Räder des eigenen Wahnsinns zu kommen. Ohne den Zeitpunkt zu verpennen. Zu verfeiern, zu verpeilen. Aber ich bin eben auch dankbar, dass ich hier sitze. Mit diesen Frauen, abseits der grünen Großbürgerhölle, in der ich sonst so lebe, wo ich, den Kindern sei Dank, zu einer gewissen Struktur gezwungen bin.

»Ich will Kinder«, sagt die junge Frau, die den roten Riesen Schatz genannt hat. »Und zwar jetzt.« Ich gebe ihr Recht. »Wenn du Kinder willst, vergiss Mr. Right und nimm lieber Mr. Right Now. Sonst bist du irgendwann 40 und dann ist es oft zu spät, wenn du nicht für künstliche Befruchtung gespart oder einen Kerl am Start hast, der die 5000 pro In-vitro-Versuch aus der Portokasse zahlt.« Sie schaut den roten Riesen an. Oh nein. Was habe ich getan! »Ungünstig ... echt ungünstig«, sage ich. Ich sage das nicht aus Eifersucht. Obwohl ich das durchaus bin. Eifersüchtig. Aber Familienplanung mit einem 50-Jährigen auf dem Weg ins Ashram? In einer Sex-WG mit drei Menschen, von denen zumindest eine unser Kind sein könnte? »Ungünstig«, sage ich noch mal.

Dann wechselt sie das Thema, lädt mich zur *Eyes Wide Shut*-Party ein, mit DJ, Masken und Unterwäsche. »Äh, wie ist die Kleiderordnung?«, frage ich, weil mir gerade nichts anderes einfällt. Boxershorts mit Rennautos drauf?

Die Jüngere, immer noch oben ohne, aber inzwischen mit Decke um die Schulter, sagt: »Kein Stress wegen Kleiderordnung, sicher hast du ein Nachthemd, durchsichtig, mit Spitze.« Mein Mageninhalt fängt langsam an, mir sauer aufzustoßen. Jetzt bitte nicht auch noch kotzen. Es ist der Moment zu gehen.

Es gehört zu den positiven Dingen des Älterwerdens, dass Abschiede einem weniger dramatisch vorkommen. Ich steuere in Richtung Hausflur, ziehe meine Stiefel an. Er kommt mir nach. Umarmt mich lang und fest. »Lass los«, denk ich. »Lass einfach los.« Er ist immer noch nackt.

Ich gehe die knarrenden Holzstufen der alten, hellblau getünchten Villa herunter. Er bleibt oben am Geländer stehen, Bierflasche in der einen Hand, mit der anderen winkt er mir nach. Ich erlaube mir einen letzten Blick auf sein frei baumelndes Gemächt, sage: »Hauptsache, ihr raucht nackt ...«, was er mit der Frage kontert, ob er sich zum Abschied hätte anziehen sollen. Für die gnädige Frau. Wenigstens seine Zigarette hat er vorher noch ausgedrückt. »Komm wieder!«, ruft er noch, als ich schon auf der vorletzten Stufe bin. Ich sage leise vor mich hin: »Ganz sicher nicht.« Ich bin nicht gemacht für die Beziehung im Rudel.

Ich fühle seine Küsse noch auf meinen Beinen, meinem Bauch, überhaupt überall. Ich kann ihm keinen Vorwurf machen. Ich habe nichts gefragt. Er hat mir nichts versprochen. Ich habe das Sex-Universum eines außergewöhnlichen Mannes betreten. Sonst ist nichts passiert. Keiner ist schuld. Keiner verletzt. Gott sei Dank, dass ich nichts Privates erzählt habe. Nichts über die Jungs. Nichts über den Ex, den Job, Freundinnen. Gut, dass wir Kondome benutzt haben. Kein Aids. Kein gebrochenes Herz. Ich lebe noch.

Ich gehe ein Stück bis zum Blankeneser Bahnhof, der französische Bäcker schließt gerade seine Tore auf. Kaufe ein Pain au Chocolat und einen Café au Lait und schlendere zum Bahnsteig. Der Wind pfeift eisig in mein Gesicht.

Ich setze mich auf die Bank und warte auf die Bahn. Ich bin der einzige Mensch, der so früh schon auf den Beinen ist. Wenn auch auf ziemlich zittrigen. Ich hole meinen Taschenspiegel raus, betrachte meine Lippen, mein aufgeschürftes Kinn, mein Gesicht.

Es ist nicht ganz so geschunden wie beim ersten Mal, keine ganzen Hautfetzen pellen ab, trotzdem ist alles rot und wund. Die nächste Bahn kommt in zehn Minuten. Meine Knie zittern, einfach so, obwohl ich da einfach nur sitze. Die Trinkerei mit ihm, die Übernächtigung, die sexuelle Verausgabung, dieses surreale Ende.

Und dann merke ich, wie sich doch langsam Tränen hinter meinen Augen sammeln.

KAPITEL 9

WENN DIE MASKEN FALLEN

Wie ich einen glücklich verheirateten Vater aus der Nachbarschaft in meiner Tinder-Kartei entdecke und warum getrennte Singlemütter Handgranaten im Kreise etablierter Familien sind.

Die S-Bahn fährt quietschend am Bahnhof Blankenese ein.

Ich setze mich in Fahrrichtung rechts, ans Fenster. Es ist 6 Uhr morgens. Vor mir steigt orangefarben die Sonne aus der Elbe, während wir über Zuckerbäckerstraßen, zwischen Gründerzeitvillen mit Erkern und Türmchen in windschiefen Gässchen hinwegbrausen; ein Stückchen fahren wir parallel zu den Frachtern und Kreuzschiffen, unten auf der Elbe. Zwischendurch erheischt man von Weitem kurz den Blick auf die Kräne des Industriehafens, die sich wie Lego vor dem Hamburger Morgenhimmel abzeichnen. Wie lange ist es her, dass ich nach so einer Nacht in der Morgendämmerung nach Hause kam?

Diese Kulisse deutscher TV-Serien wirkt immer noch wie der Inbegriff der heilen, bürgerlichen Welt, das nordische Pendant zum Bergpanorama, »Ahoi« statt »Hollareitdulliöh«. Wilde Kaninchen rasen an den S-Bahn-Gleisen entlang, das Jaenischhaus thront majestätisch am höchsten Punkt des Parks, der Blick in Richtung Süden fällt auf die mächtige Elbe, die mancher Bayer schon für das Meer hält. Frühe Joggerinnen laufen durch das Bühnenbild, um in ihrer Perfektion in die perfekte Kulisse zu passen: Man weiß, wie sie aussehen, wenn sie nicht gerade in hautengen Adidas-Hosen an der Elbe entlang joggen. Sie tragen teure, möglichst nicht teuer aussehende, flache, lederne, braune Segelschuhe mit Lederschleifen und gelben Nähten, je nach Witterung auch Gummistiefel oder Elefantenboots. Sie sind gleichbleibend freundlich und nicht mit jener ansonsten viel verbreiteten Arroganz anderer, gut betuchter Wohngegenden dieser Stadt ausgestattet.

Gerade hier, wo die Fassade der Schönheit als wichtigster Beweis des guten Lebens bewahrt wird, gedeihen die dunkelsten Machenschaften. Natürlich wohnen die Könige vom Kiez mit Frauen und Kindern niemals tatsächlich auf St. Pauli oder mitten auf der Reeperbahn – sondern grundsätzlich hier. In den citynahen Elbvororten, Othmarschen, Nienstedten, Groß Flottbek und Blankenese, wo die Welt nach außen hin glänzt wie in kaum einer deutschen Stadt, wo die Villen weiß, das Gras grün und die Autos groß sind. Und dann dieser Elbstrand.

In Zügen ziehen ja vergangene Erlebnisse an den Orten, durch die man fährt, an der Scheibe vorbei. Für mich wird es immer der Kinderstrand lauer Sommerabende sein, wo ich barfuß am rot-weißen Leuchtturm sitze. Zwischen Kindern und Freundinnen an der Kajüte, mit Würstchen in der Hand, Füße im Sand. Der Stadtstrand, an dem wir abends erschöpft in die Bergziege steigen, den gefühlt 100-jährigen Kleinbus, der uns ächzend und knarrend den Hang wieder hochbringt, zu unseren Wohnungen oder die meisten in ihre Häuser, die so unwirklich perfekt am Elbhang thronen. Manchmal pfeift sie aus dem letzten Loch, wie ein alter Dampfer, und wenn's eng wird an Krögers Treppe am Fischerhaus, bleibt die Ziege vor Erschöpfung in der Kurve stehen, weil viel mehr durchgeschwitzte Sommergäste an Bord sind, als es eigentlich erlaubt ist.

Kein Mensch vermutet Sex-Kommunen in dieser Gegend, die man eher in Berlin-Mitte verorten würde. Nein, nicht hier. Wo Caspar zum ersten Mal mit Schwimmflügeln in die Elbe durfte, zwischen Leuchtturm und Falkensteiner Ufer, wo Möwen zwischen den Dünen herumhüpfen und Restkrümel der Touristen auf ihren Picknickdecken aufpicken. Wie oft saß ich dort mit Kathi oder anderen getrennten Müttern, mit Kindern, Hunden und Käsestullen. Nachdem unsere Ehen fast zeitgleich an der Wand zerschellt waren. »Glaubst du, wir können hier überhaupt existieren als Frauen?«, fragte ich Kathi einmal. »Ich meine als sexuelle Wesen? Schau dich um, hier gibt es nur Mütter, Kinder und Hunde, das ist ja schon wie Bullerbü …«

»Na ja, die Männer sitzen halt nicht hier im Sand herum«, sagte Kathi. »Auch wenn du das jetzt denkst: Wir sind nicht gefangen in einer Schneekugel ohne Männer …« Wie oft habe ich mich gefragt, ob ich doch am Montmartre hätte bleiben sollen, oder wenigstens in München-Schwabing. Um all das zu erleben.

Carl wird mir später sagen: »Die Liebe, von der du dachtest, ihr teilt sie zu zweit, hat sich durch die Anwesenheit der anderen nur potenziert. Du wolltest einen lieben – und hast vier bekommen.« Solange es »nur um unverbindlichen Sex« gehe, könne man keine Exklusivrechte sichern. In Zeiten, wo man online auf Profile klickt, mit denen man ein paar Stunden später im Bett landet. Wenn sich dabei Liebe findet, dann ist das Zufall. Und sonst gar nichts. Hat er Glück gehabt, der Carl.

Tränen brennen auf meinem aufgeschürften Kinn. Warum weine ich eigentlich? Ich kann nicht zurück, zu dem Mann in die Kommune, er passt nicht in mein Leben. Ich weine, weil das Leben voller Abschiede ist. Ich hasse Abschiede. Und ich gehe grundsätzlich, wenn es irgendwie möglich ist, ohne Verabschiedung. Ich weine, weil meine Ehe gegen die Wand gefahren ist, weil meine Kinder nicht mehr klein sind. Weil meine Seele in einem Bergdorf sozialisiert ist. Weil meine große Liebe mich nicht wollte. Weil nie irgendein Mann, den ich mag, auch nur ansatzweise in mein Leben passt. Und überhaupt, weil ich nie Geld für Schuhe habe.

Ich weine. Niemand sieht mich, und selbst wenn ... Egal, in welcher Besetzung sie jetzt kommen, die Tränen, als Fluss oder einzeln, sie können fließen, bis ich leer bin. Tränen sind ja flüssige Gefühle. Es ist gut, wenn sie da sind. Vor ein paar Wochen noch habe gar nichts mehr gefühlt. Erst jetzt, an diesem Morgen, nach diesem Abschied vom roten Riesen, kann ich endlich wieder weinen.

Keine Ahnung, wie viele Dates ich rekrutiert habe, weil Freunde sagten: Geh mal wieder aus. Amüsier dich, lache, tanze, küsse. Ich habe Männer getroffen, weil es »Pflicht« war. Nie gab es ein zweites Mal. Jedes Mal war ich froh, endlich zu Hause zu sein, auf meinem Sofa, vor meiner Serie, bei meinem Buch. Jedes Mal war mir langweilig. Nie habe ich zugehört.

Angestrengt gelächelt. Ja gesagt. Genickt. Kein Gefühl, keine Abneigung, keine Meinung, von Zuneigung ganz zu schweigen. Wenn Kathi oder Rike mich fragten: »Na, wie war er?«, sagte ich: »Weiß nicht.« Ich wusste teilweise nicht mal, ob einer blondes oder schwarzes oder gar kein Haar hatte – bis der rote Riese kam. Seine Haare habe ich sofort gesehen, so wie früher die von Pippi Langstrumpf oder Pumuckl. Ob das an der Farbe lag? Ich weiß es nicht.

Einmal habe ich Theaterkarten vor den Augen des Mannes, für den sie gedacht waren, an ein junges Liebespaar verschenkt. Das war die »Sofort-beenden-Taste« im Apfelmenü, die Notfunktion auf dem MacBook, wenn er sich aufhängt und partout nicht auf normalem Weg beenden lässt. Das war abartig.

Ich, zum Rennradfahrer: »Sorry, ich will jetzt doch nicht mehr ins Theater. Ich bleibe lieber in der Bar und trinke weiter.«

Er (entgeistert): »Kann das sein, dass du Alkoholikerin bist?«

Ich: »Klar, kann sein!«

Er: »Oh. Dann macht das eh keinen Sinn. Meine letzte Freundin war auf Kokain, das hat mir gereicht. Also ich will kein Schwein sein, wenn du Hilfe brauchst, sag Bescheid. Ich habe Adressen und kenne Leute, die dir helfen können …«

Ich: »Danke, sehr nett, aber du kannst jetzt echt gehen.«

Der hübsche Rennradfahrer ging ohne Abschiedsgruß. Ich stand noch eine Weile vor dem »Rabbithole« auf St. Pauli. Ich war einfach abgetrennt von jeder Empathie, noch nicht mal mehr schämen konnte ich mich. Am nächsten Morgen kam eine WhatsApp: »Einen schönen Abend mit einer tollen Frau stelle ich mir anders vor. Das mit der Hilfestellung nehme ich zurück. Wahrscheinlich reicht in deinem Fall eine Verhaltenstherapie und eventuell ein Hörgerät. Lösche dich nach Versenden der Nachricht, bitte keine Antwort.« Das ist so wie »Nach Diktat verreist.«

»Es ist nicht die Zeit für einen neuen Mann«, sagt Carl immer. Aber wann ist die denn?

»Vielleicht bist du ja bipolar?«, überlegte Kathi, als ich ihr erzählte, wie ich den hübschen Rennradfahrer in die Flucht geschlagen hatte. Immerhin ist sie Kinderpsychiaterin und so abweichende Stimmungslagen habe sie sonst selten erlebt. »Oder hast du einfach eine Depression? Das kann man behandeln …«

Ich hatte zwei, drei depressive Phasen, die sie als »kausal bedingt und somit natürlich« einstufte; sie bezogen sich jeweils auf Einschnitte meines Lebens. Tod, Trennung, Krankheit. Also beruhigte sie mich: »Wenn du auf ›Sofort beenden‹ gehst, hast du einen Grund. Wahrscheinlich hat der Typ eine andere Frau mies behandelt und bekommt es so vom Universum zurück.«

Wir mussten lachen.

Merkwürdig, mit einer Freundin würde ich nie so umgehen. Schleicht sich da ein mieser, leiser Männerhass ein? Gott sei Dank habe ich Freundinnen, die allen Mist, den ich baue, plausibel erklären können.

Dass ich nach der großen Leere ausgerechnet den roten Riesen an mich herangelassen habe, versteht keiner so richtig. Also sexuell. Gut, dass wir wenigstens Kondome benutzt haben. Keine Aids-Gefahr, keine Chlamydien oder sonstigen Plagen. Auch mein Herz ist noch da, allerhöchstens leicht angerissen. Lediglich ein paar Hautpartikel hängen an Kinn und Wangen herunter. Leicht zu verarzten, kenne ich schon.

Es hat eine gewisse Tradition in meinem Leben, mich in die Falschen zu verlieben. Männer mit schlechtem Benehmen und hohem Unterhaltungswert, Verrückte, Narzissten und Egoisten in ihrer schillernden Seifenblase, die immer irgendwann platzt. Männer mit intensiver, sexueller Energie, der ich nicht als einzige Frau verfalle.

An der Seite solcher Männer altert man in Lichtgeschwindigkeit, selbst wenn man sie nur drei-, viermal getroffen hat. Man durchläuft einen Reifeprozess, für den man in Echtzeit Jahrzehnte oder schlichtweg eine andere Sozialisierung gebraucht hätte. Nach der Begegnung mit dem roten Riesen glühe ich von innen, seine ganze Masse liegt wie ein Wärmekissen schwer auf meiner Brust, mein Unterleib schmerzt, meine Knie zittern immer noch, ich friere nicht, obwohl es eiskalt draußen ist. Ich bin warmgevögelt, auf Vorrat, bis zum Sommer.

Oder wenigstens bis Mai, bis alles an mir wieder fit und fröhlich ist. Dieser arme Wonnemonat, in den die gesamte Sehnsucht des Jahres hineingepresst wird wie der Haushaltsmüll in die Biotonne.

Drei Monate nach dem Abend in der Sex-WG reaktiviere ich längst stillgelegte Onlineprofile auf vermeintlich »normalen« Portalen, wo es nicht ausschließlich ums Vögeln geht. Mit aktuellen Fotos. Ich tune mein Alter zwei Jahre nach unten und achte darauf, dass keines meiner Kinder darauf zu sehen ist. Claire verheimlicht in den ersten zwei Dates grundsätzlich die Existenz ihrer Kinder – »so lange, bis er voll verknallt ist«. Wobei das in ihrem Fall keine Bedeutung hat, weil die Kinder volljährig sind und beim Vater leben bzw. schon ausgezogen sind. Trotzdem: Wie kann man seine Kinder verleugnen? Fotos ab Körpermitte abwärts lasse ich weg, jedes Snickers-Röllchen muss schließlich auch nicht abgebildet sein. Im Vergleich zu Hochglanz-Hollywood-Profilen so mancher Freunde nenne ich das moderat adaptierten Realismus. Von Angaben meiner Kleider-, Körbchen- und/oder Körpergröße, als wäre ich ein Last-Season-Badeanzug im Sale, sehe ich einfach mal ab.

Manche Frauen machen sich zehn Jahre jünger, zehn Kilo leichter und posten Fotos aus Zeiten, als sie knapp älter waren als ihre Kinder heute. Und wundern sich, wenn ihre Dates nach dem ersten Live-Treffen nicht mehr anrufen. »Aber ich sehe doch so aus wie auf den Fotos, oder!«, fragte mich unlängst eine Freundin, nicht als Frage, sondern eher so als Aussage formuliert. Was sagt man da als Freundin? »Ja schon so – eigentlich schon – also so ungefähr.« Uneigentlich macht das doppelte Volumen, tiefe Ränder unter den Augen, Lachfalten und Hängebäckchen (klar doch, Poesie gelebten Lebens) einen ganz anderen Typen aus fast jeder Frau. Natürlich sagt eine liebende Freundin nicht: »Oh, voll Fake, dein Bild. Der Typ wird enttäuscht sein, wenn er dich sieht.« Kein Mensch packt hässliche Fotos von sich in sein Datingprofil. Obwohl ungünstige Fotos, das Alter und Gewicht nach oben zu regulieren, um das Gegenüber live positiv zu überraschen, vielleicht ganz clever wären?

Und wenn Männer ansatzweise so gemein sind wie unsereins, dann denken sie: »Halt die Klappe, Baby, und nimm erstmal zehn Kilo ab, bevor du große Sprüche reißt.« Oder: »Geh durch die Zeitmaschine und zahle das Bier, das dich fett macht, gefälligst selbst.«

Es ist kompliziert, mit dem Onlinedating.

Natürlich behauptet so gut wie jeder »Fick und weg App«-Benutzer, dies sei lediglich der knappen Zeit oder Gelegenheit geschuldet, dass sie überhaupt dort unterwegs seien. Mag sein, in Einzelfällen. Tatsächlich sind auf Dating-Apps vor allem bei den Singles ab Mitte 40 aufwärts überwiegend Underdogs unterwegs. Wenn man sich in diese Abgründe stürzt, dann deshalb, weil einem nichts anderes übrig bleibt. Weil keine Sau sich auf einer Veranstaltung mit 90 Prozent »Kultivierte weibliche Singles auf der Suche«-Anteil im Supermarkt oder auf der Vernissage kennenlernt.

Will heißen: Wir middle-aged Underdogs schnüffeln zwischen anderen, middle-aged Underdogs auf der Resterampe herum. Nix mit: »Huch, bin aus Versehen auf die App gekommen, normalerweise ruft eigentlich Leonardo DiCaprio an und fragt, ob ich nach Feierabend mit ihm was trinken gehe.« Nein. Niemand hat vergessen, uns auf die Gästeliste bei den Oscars zu packen. Da sind wir nun mal.

Im Wonnemonat Mai also breche ich mit Woody Allens Regel »niemals einem Club beizutreten, der Leute wie mich als Mitglieder akzeptieren würde«. Ich werde Mitglied bei Tinder, Bumble, Once und FriendScout, überall, wo es nichts kostet und ich keine Listen mit Eigenschaften und Hobbys ausfüllen muss, aus denen später Matching Points errechnet werden, an die ich eh nicht glaube.

Ganz normale Apps, die inzwischen jeder auf dem Handy hat. Wie Moia, Shazam oder meinetwegen Google Maps. Was man halt so braucht. Deswegen ist dieses »Mist, peinlich, jemand hat gesehen, dass ich Dating-Apps auf dem Handy habe« wirklich out. Es sei denn, man ist in einer festen Beziehung. Es ist weder schlimmer noch weniger schlimm als vor über 20 Jahren die Kontaktanzeigen in großen, deutschen Tageszeitungen.

Immer wieder erzähle ich diese uralte Geschichte, die mir schon damals die Wahrheit über Männer und Frauen erklärte. Ich war mitten im Abi, als mein Vater mich aufforderte, auf eine Heiratsannonce in der *FAZ* zu antworten: Der Inserent war Zahnarzt (wie erwähnt, meines Vaters Zielgruppe) und aus der nächstgrößeren Stadt. Er hatte nicht unter Chiffre inseriert, seine Telefonnummer stand einfach dabei.

»Ruf da mal an und finde heraus, ob der schielt und einen Buckel hat«, sagte mein Vater. Es war kein Telefonstreich, sondern sein Hoffnungsschimmer auf die Ablöse meines damaligen Freundes (den Sohn des Kurierfahrers). Aus Neugierde und meinem Vater zuliebe rief ich dort an.

»Ja bitte, Doktor Eisele?«, sagte eine Männerstimme.

Ich: »Äh, nein, hier ist nicht Doktor Eisele ...« Mein Vater stand neben mir und schlug ein paarmal mit der flachen Hand gegen seine Stirn. Doktor Eisele war jedenfalls hocherfreut über meinen Anruf. Er fragte, was ich so mache.

»Ich wollte ... ähhhh (längere Pause, weil ich erstmal überlegen musste) auch Medizin studieren. Aber nicht Zahnmedizin.«

Der Zahnarzt fragte nach meinem NC. Da gab es leider ein Problem. Ich hielt die Sprechmuschel des Tastentelefons zu. »Papa, was ist ein NC?«

Mein Vater: »Mädle, Mädle! Abi machen und nicht wissen, was der Numerus Clausus ist ...«

Ich, Hand wieder runter von der Muschel: »Also. Numerus Clausus ... hab ich, sagt mein Vater.«

Zahnarzt räusperte sich. Hörte ich ihn etwa leise kichern? »So so. Und wie ist dein Notendurchschnitt?«

Mir dämmerte, mit »Numerus Clausus« war mein Abischnitt gemeint. Vom »Eins Komma«, den ich für Medizin gebraucht hätte, war ich so weit weg wie von der Idee, das wirklich zu wollen. Ich sagte, ich hätte es nicht nötig, mich nach Schulnoten beurteilen zu lassen, schon gar nicht von einem Mann. Er würde das verstehen, wenn er mich sehen könnte.

Er: »Oh. Wann hast du denn Zeit?«

Mein Vater, empört über sein Eigentor: »Auf keinen Fall wirst du den treffen, verstehst du!«, sagte er.

Habe ich nicht verstanden, zumindest damals nicht.

In digitalen Kontaktanzeigen hat sich seither nichts groß geändert. Außer dass Bilder dabei sind, die wie gesagt oft so wenig aussagen wie damals gar keine Bilder. Selbst bei Tinder geben 90 Prozent aller Männer ihre Berufe an, dass man davon ausgehen muss: Die, die nichts schreiben, sind arbeitslos oder beziehen Hartz IV. Viele reißen bei Ausbildung den sehr lustigen Witz, indem sie »Baumschule« oder »Schule des Lebens« eintragen. Vor allem eines ist an Kontaktanzeigen, ob gedruckt oder digital, gleich geblieben: Wer es im analogen Leben nicht auf die Kette kriegt, muss online daten.

Auf Onlineplattformen wie Once oder Tinder erlebt man dann Dinge, für die man offline deutlich länger gebraucht hätte. Man stellt Entfernung und Geschlecht ein, und zack, öffnet sich ein Katalog voller Männergesichter auf dem Smartphone. Es ist wie Barbie World. Es geht zu wie in der Bar: reingehen, scannen, urteilen. Rechts oder links wischen, per Handy. Der erste Blick entscheidet. Anders als bei seriösen Partnervermittlungsagenturen gibt es bei den Wisch-und-Weg-Apps keine Matching-Algorithmen. Aber will ich wissen, ob einer schnarcht oder Serien guckt, ehe ich ihm einmal in die Augen geschaut habe? Gerade in der Liebe macht man die Rechnung sonst ohne den Wirt. Stell dir vor, du hast 90 von 100 Matching Points, dann steht er vor dir und du willst auf der Stelle losheulen. Das ist Chemie. Magie, was weiß ich. Die Macht der Gefühle. Natürlich kann man nach wenigen Sätzen hin und her entscheiden, ob man jemanden treffen will oder nicht. Zum Beispiel Manfred, 56, aus Lurup mit Schnauzer und Harley, unter dessen Foto steht: »Komm mit mir auf den Ritt in die weite Welt, ich gebe dir Kraft, dein Gesicht wieder der Sonne zuzuwenden ...« Was bietet Manfred an? Motorradtherapien? Hat er ein Sonnenstudio? Ich frage besser nicht.

»Also um Tinder beneide ich dich ja schon«, sagt Sandra, meine Freundin aus Wien, als wir uns bei einem Geburtstagsessen bei Freunden hier um die Ecke treffen, mitten in Othmarschen, der grünen Großbürgerhölle. Wir sitzen bei Fleischfondue im stylishen Wohnzimmer, Zehnzimmervilla, Land Rover plus Mini vor der Tür, er handelt weltweit mit irgendwelchen Plastiksachen aus China, allen geht es blendend, vor allem finanziell, alle Paare sind durchweg glücklich und noch zusammen. Bis auf mich. Und bei Sandra, diesmal ohne Sascha, der »beruflich« nach London musste, weiß man nicht genau. Aber nichts wäre ihr ferner als zuzugeben, falls in ihrer Ehe etwas im Argen ist. Einmal hat sie einer russischen Au-pair-Anwärterin die Haustür vor der Nase zugeklatscht, weil sie ihr einfach zu schön war. Man weiß ja nie.

Dann kommt das Thema auf Onlinedating, ich werde ausgefragt. Kann man das machen, in unserem Alter? Kann man sich als Mensch aus der Mitte des Bürgertums (wobei das hier eher schon das Großbürgertum darstellt) auf eine Plattform wagen, wo großteils Kroppzeugs unterwegs ist?

Ich erzähle von netten Dates. Und weniger netten. Dass es selten funkt. Ja eigentlich nie. Dass häufig Honks dabei sind. Und wie ich manchmal reagiere, wenn klar ist, dass ein Typ nur seine Frau bescheißen will und sonst nichts. (In den seltensten Fällen ist eine offene Beziehung einvernehmlich!) Ich erzähle von Jörn aus Köln. Er schrieb, er sei glücklich verheiratet und das werde sich auch keinesfalls ändern. Trotzdem wolle er woanders vögeln, deswegen sei er hier. Ich wollte wissen, wie er sich unsere Liaison Hamburg–Köln so vorstellte. Er hatte genaue »Kopulationszeiten« im Kopf, inklusive Rückflüge in seine Heimatstadt, die er dienstags und donnerstags noch erwischen müsse, damit seine Frau ihm nicht auf die Schliche kommt. Ich hab ihn dann, vielleicht übertrieben pointiert, abgelehnt. Er hat mich gelöscht, nachdem er mich zum Abschied noch »Bitch« mit drei Ausrufezeichen nannte. Die Frauen lachen sich kaputt und wollen Jörn sehen, was leider nicht mehr geht. Gelöscht ist gelöscht. Aber andere kann ich ihnen zeigen, zur gemeinsamen Begutachtung. Ein unterhaltsames Gesellschaftsspiel. Nur wie unterhaltsam es noch werden sollte, das hatte zu dem Zeitpunkt keiner geahnt.

Als ich die App auf meinem Handy öffne, fällt mir auf: Einer der Ehemänner, klar, der Attraktivste im Raum, sieht genauso aus wie eine meiner Karteileichen. Er sieht aus wie »Dr. House« aus der gleichnamigen Serie. Das sind Typen, mit denen es irgendwann »gematcht« hat, die man aber nicht löscht, weil sie zu gut aussehen. Man schreibt ihnen aber auch nicht als Frau. Es sei denn, sie schreiben zuerst. Schönen Männern, die auch noch nach Geld aussehen, sollten wir nie als Erste schreiben. Sie sind meistens schlichtweg keine Option. Sondern genau das, wonach es heute Abend aussieht: verheiratet. Und nicht selten sogar glücklich.

Ich entschuldige mich mitsamt Handy aufs Klo. Muss checken, ob er das wirklich ist. Seine Hand liegt anstandslos auf der Schulter seiner schönen Frau. Ich kenne sie vom Sehen, sie sieht aus wie eine Hitchcock-Blonde, auch genauso elegant. Unsere Söhne sind in einer Klasse, sie scheint schwanger zu sein. Schon wieder. Ich ziehe pro forma die Klospülung. Nein, die Ähnlichkeit ist keine vage Option. Er ist es! Ich habe ihn trotz Sonnenbrille erkannt. Er trägt irrerweise sogar das gleiche Hemd wie auf dem Foto.

Zurück an meinem Platz frage ich den Dr. House am Tischende: »Wir kennen uns aber nicht … irgendwoher, oder?« Ich wollte ihn nicht sofort outen. Aber ein bisschen quälen, finde ich schon adäquat.

»Ach, ich habe zig Doppelgänger«, sagt er, »Allerweltsgesicht … hahaha.« Wenn Männer so was von sich sagen, sind sie IMMER irgendwo undercover unterwegs. Sei es auf Datingplattformen oder in sonstigen, dunklen Nischen, die auf ein Doppelleben hinweisen. »Vielleicht aus der Schule«, sagt Sandra schnell, die als Einzige gecheckt hat, was hier los ist. In ihr steigt Panik auf. Wieso hat sie nur immer diese Angst, irgendwer könnte die Harmonie des Abends sprengen? Während mir übrigens genau das gefällt. Der Moment, wenn die Masken fallen.

»Nä, Schule kann ja wohl nicht sein«, sagt die Ehefrau. »Ich kann mich an kein einziges Mal erinnern, dass du eines unserer Kinder abgeholt hättest, oder Schatz?«

»Ja witzig«, sag ich, »dann habe ich einen deiner Doppelgänger wahrscheinlich hier, schau doch mal …« Ich bin im Begriff, die App zu öffnen und ihm das Bild unter die Nase zu halten. Sandra steht schlagartig auf, zerrt mich weg vom Tisch, in Richtung Küche. »Entschuldigt uns kurz, wir haben was Dringendes zu klären«, ruft sie noch. »Wir sind gleich wieder da.« Und nimmt mir vorsichtshalber das Telefon aus der Hand.

Sie schiebt mich in die Küche, zischt sie mich leise an: »Sag mal, spinnst du? Du kannst hier nicht so 'ne Welle machen! Ihr seid quasi Nachbarn! Eure Jungs gehen in eine Klasse. Das wäre doch unfair, wenn du das jetzt vor seiner Frau ausbreitest.« Wieso nimmt Sandra diesen Kerl in Schutz? Ich finde es unfair, dass er offenbar seine Frau bescheißt. Ich werde ja nicht die Einzige im Umkreis von fünf Kilometern elbaufwärts sein, mit der es »gematcht« hat, so wie er aussieht. »Wetten, der hat 100 Tinder-Dates? Der vögelt die ganze Zeit nur rum und sie ist schwanger. Mal abgesehen von allem, was er sonst noch so am Laufen hat.«

»Immerhin bist du das einzige Match an unserer Schule«, sagt eine männliche Stimme von schräg hinten. Er ist uns nachgegangen. Lehnt mit seinem Rotweinglas lässig am Türrahmen. Spricht er allen Ernstes offen über seine Abwege? Während seine Frau im Nebenzimmer schwanger am Tisch sitzt? Hat er nicht einmal die Hosen voll, erwischt zu werden? »Und, willst du das jetzt vor allen thematisieren? Fällt so eine Aktion nicht eher auf dich zurück?«, fragt er mich. »Das ist doch peinlich, oder?«

»Ja, vor allem für dich«, sage ich.

Wenn ich nicht im schwarzen Kleid und Highheels in einer Nobelküche am Jaenischpark stehen würde, wenn draußen vor der Küche nicht Eltern von Freunden meiner Kinder säßen und sich das alles nicht in der Nachbarschaft ausbreiten würde wie Lauffeuer. Wenn der Sohn des Fremdgehers nicht am Montag auf dem Pausenhof zu Ben sagen würde: »Deine Mama hat meinen Papa gehauen!« Ich würde ihm eine reinhauen. Und zwar sofort.

Wie er da steht, in seiner von Kopf bis Fuß bewussten, 1,90 Meter langen, goldgelockten Männlichkeit. Ein Typ, der es noch nie geschafft hat, eines seiner drei Kinder von der Schule abzuholen. Die Inkarnation des Alphamännchens, haufenweise Schotter, ständig in der Welt unterwegs, nach außen hin das Bild der Musterfamilie bewahrend. Wie er da steht, in seiner ganzen Pracht, und sich trotz seiner Liederlichkeit seiner Überlegenheit bewusst ist. Seiner Macht. Als Mann, der zahlt und bestimmt, der einfach tut, was er will. Mit seiner wunderschönen Frau. Sie machen Urlaube auf den Malediven. Die Kinder sind im Hockeyclub. Aus ihrem Haus auf Sylt schaut man auf die Wattseite der Nordsee. Wahrscheinlich hat er auch ein One-Room-Deluxe-Appartement in der HafenCity, wo NUR gevögelt wird. Voll Klischee. Aber so ist das. Motto: Warum leckt sich der Hund die Eier? Weil er's kann.

Während seine Frau und ich im Gang der Schule nach Trinkflaschen und Mützen unserer Kinder fahnden und sie ihrem Mann bis spät in die Nacht am Konferenztisch glaubt, legt er Tinder-Dates flach. Und natürlich ist er auch kein dümmlicher Schönling, sondern einer, der weiß, was er jetzt sagen muss. Oder auch nicht. Der mir verklickert: Wenn's rauskommt, ist alles meine Schuld. Eh klar. Er fragt: »Was trinkst du denn? Soll ich dein Glas von drüben holen? Dann sprechen wir noch mal, okay?«

Gib dir keine Mühe, du Spacko, dich einzuschleimen, damit ich die Klappe halte. »Kannst gerne mein Glas holen. Mein

Platz ist der neben deiner Frau. Tolle Frau, übrigens. Wir sehen uns fast jeden Tag beim Abholen …«

Er lächelt. Wie macht er das? »Genau. Deswegen habe ich sie auch geheiratet.«

»Und deswegen bist du auch auf Tinder!«, sage ich.

Sandra, in meine Richtung schauend, mischt sich ein: »Keine Sorge, sie sagt sie nichts! Sag mal, seit wann bist du eigentlich so ein feministisches Kampfgeschwader? Du würdest doch nie etwas tun, was Frau und Kindern schadet … stimmt's, Schatzi?« Sie fährt dem Arschloch mit der Hand durch die Goldlöckchen, die vermutlich viele Frauen ganz süß finden.

»Wow, Sandra, wieso übernimmst du seine Verteidigung? Frauen müssen zusammenhalten. Ich will dich mal sehen, wenn Sascha das täte …« Dann lasse ich die beiden in der Küche stehen, gehe zurück in Richtung Esstisch. Ich höre Sandra noch, in Wiener Dialekt sagen: »Mei, geh, is des a Dramaqueen. Des wär ma so was von Wuarscht, was der Sascha macht.«

Eine Stunde später sind alle leicht alkoholisiert. Die Frau des Fremdgehers sagt, ihr Babybauch drücke, sie sei müde und gelangweilt, weil alle trinken außer ihr. Sie bricht auf, den Babysitter ablösen. Sie erzählt noch im Gehen, dass es ein Versehen war, dass sie, jetzt mit 42, schon wieder schwanger sei, mit Baby Nummer vier. Eigentlich wolle sie endlich wieder loslegen, in ihrem Job als Anwältin für Ausländer- und Asylrecht. Also: echt dumm gelaufen.

Sie hat, im Vergleich zu vielen anderen Ehefrauen aus dieser Gegend, die plötzlich merken, dass Kinder allein auch nicht die Erfüllung sind, eine echte Karriere, die es zu reaktivieren gilt. Nichts mit Schmuckdesign aus Nordseemuscheln oder Ausbildung zum spirituellen Coach für Männer in der Midlife-Crisis. Die Frage, was der Mann einer solchen Frau auf einer »Fick und weg Plattform« sucht, erübrigt sich dann auch.

Zwei Stunden später. Sandra und Dr. House stehen in der Küche. Sie hat seine Zunge im Hals. Oder er ihre. Mir fällt auf, dass sie so ähnlich aussieht wie seine Frau, nicht ganz so schön vielleicht. Groß, hellblond, dünn, blaue Kulleraugen und eine markante Nase, die dem Gesicht eine gewisse Eleganz verleiht. Niemals wird er seine Frau wegen Sandra verlassen. Aber vielleicht will sie das ja auch gar nicht.

Das ist der Status quo der Elbvororte: Gut verdienende Ehemänner bestreiten das Familieneinkommen. Ergo glauben sie, ihnen stünde alles zu. Frau, Kinder, kleine Affärchen, by the side! Die Mütter sind finanziell abhängig, Nanny hin oder her, drei oder vier Kinder und dazu ein Riesenhaus sind auch immer ein Fulltime-Job, egal, wie viel Kohle Papi nach Hause bringt. Und was sagt so ein Mann seiner Frau, wenn Aufzucht und Pflege der Nachfahren sichergestellt und sie ihre Pflicht im Dienste der Familie erfüllt hat? Bleibt er dann bei ihr, für die Ruhe im Alter, wenn die Hörner dann endlich abgestoßen sind? Oder sagt er: »Ach, Schatz, wir haben uns auseinandergelebt. Du hast dich ja nur um die Kinder gekümmert. Ich war ja gar nicht mehr existent.« Noch so ein hübsches Privileg all jener Männer, die nach der Trennung nicht mehr auf den Blick in den Spiegel angewiesen sind. Da genügt ein Blick aufs Bankkonto, um sicher zu sein: Ich bin der Größte. Ich kann sie alle haben. Ein Mann mit Geld findet IMMER eine Frau. Und wenn nicht, dann ist irgendwas an ihm derartig faul, dass jede Frau besser die Finger davon lässt.

Auch ich habe mich damals in dieses anachronistische Familienmodell hineinmanövriert. Konservativer Geldverdiener, Mama kriegt erstmal Kinder. In der anfänglichen Euphorie – endlich eine Familie gegründet –, den Erwartungen »anderer« zu entsprechen, bemerken wir Frauen oft nicht, wie unsere Karriere oder wenigstens eine Option darauf ganz nebenbei den Bach runtergeht. Wenn erstmal Kinder da sind, haben sie immer Prio. Egal, wie sehr wir uns vornehmen, am Ball zu bleiben: Bei manchen klappt es. Bei anderen schnappt die Familienfalle zu. Wie bei Dr. House und seiner glamourösen Migrationsanwältin, die mit vier Kindern nicht mehr arbeiten kann. Wann wird sie wieder einsteigen? Wenn der Kleinste in die Schule kommt, ist sie knapp 50, wenn er Abi macht, über 60. Ich kenne Anwältinnen, die ihre Babys in den Verhandlungspausen im Gerichtssaal stillen, während die Nanny davor und danach mit dem brüllenden Baby durch die Gänge des Gerichtes rennt. Es gibt die Mütter, die nie richtig raus waren, aus dem Job. Aber die wenigsten schaffen das. Die Anwältin für Asylrecht ist nicht so eine Frau. Aber sie hat auch einen Mann, der ihr gesagt hat: Nimm dir die Zeit, die du brauchst, als Mutter. Auf ihr Einkommen kommt es ohnehin nicht an. Ihre Ehe muss also halten. Und wenn nicht, dann wird es hart für sie. Im Falle einer Trennung würde ihr Unterhalt zwar immer noch für eine hübsche Wohnung anstatt für eine ganze Villa reichen, in dieser Gegend. Aber ein Abstieg wäre es allemal.

Als Caspar vier war, kam ich kurz bei einem Schmierblatt unter, wo der Chefredakteur mir um 16 Uhr den Ausgang versperrte, als ich loswollte, um Caspar aus der Kita abzuholen. »Wenn du jetzt gehst, kommst du nicht wieder. Du musst die Hochzeit schreiben!« Natürlich kam ich nicht wieder. Welche

Mutter lässt ihren Vierjährigen auf der Treppe vor der Kita hocken, weil Babs Becker heiratet? Ich jedenfalls nicht. Auch wenn »die Hochzeit schreiben«, genauso wie »den Nachruf schreiben«, in dieser Enklave als besondere Ehre gilt. Ich würde immer wieder gehen.

Auch ich habe während meiner Ehe jeden Abend warmes Essen auf den Tisch gestellt. Habe vormittags für ein paar Redaktionen gearbeitet, jedoch selten das, woran ich glaubte, wofür ich brannte, nachdem ich Mutter war. Nie gehörte ich zu den toughen Journalistinnen, die trotz kleiner Kinder einen gut bezahlten, festen Job hatten. Ein anderer Chefredakteur – es war tatsächlich derselbe, der mich bei einer Preisverleihung fragte, warum ich immer noch nicht dort oben stünde – sagte: »Ach, lass mich doch in Ruhe mit euch Teilzeitmamis«, nachdem ich ihn nach einem Teilzeitjob gefragt hatte. »So ist das also«, dachte ich. Es gibt viele tolle Reporter, Männer und Frauen, vor allem jedoch Frauen ohne Kinder. Keine Mutter kann Antonia Rados sein. Und sie ist überhaupt nur eine Frau unter Tausenden Männern, in ihrer Liga. Apropos: Auch Frauen brauchen für solche Karrieren einen Mann, der hinter ihnen steht und ihnen den Rücken freihält.

Die Vereinbarkeit von Beruf und Familie ist allen Reformen und den starken, femistischen Stimmen zum Trotz immer noch voller Diskriminierungen, Steine und Hindernisse. Und immer noch Balanceakt. Im internationalen Vergleich sind wir Deutschen in Europa allenfalls schlechtes Mittelmaß, was Vereinbarkeit von Job und Kindern angeht. Auf der Datingskala erreicht eine geschiedene Frau mit Kindern maximal 7,5 Punkte von 10, den Spitzenwert wird sie nicht mehr erreichen. Es sei denn, sie ist Heidi Klum.

Am nächsten Tag rufe ich die Gastgeberin an, um mich für das »fulminante« Abendessen zu bedanken. Es war übrigens viel zu wenig Fleisch auf dem Tisch, es gab Sesamstangen und Rucola-Salat mit drei Parmesanraspeln pro Nase. Den Wein haben die Gäste mitgebracht. Als Süddeutsche in Hamburg wundert man sich immer wieder: Sogar im Hamburger Westen, allem Reichtum zum Trotz, gibt es wenige gute Gastgeber. Zu wenig Fleisch, zu wenig Salat, dazu Senf, Ketchup und gekaufte Mayo. Nur Wein war wirklich reichlich da. Und Lügen.

Die Gastgeberin wohnt ein paar Häuser weiter, sie ist ein Überbleibsel aus meiner Ehe mit Sebastian und hat lange überlegt, mit wem von uns beiden sie befreundet bleiben will. Mit ihm. Oder mit mir. Sie ist total aus der Spur wegen des gestrigen Abends. Sie ist kein bisschen sauer auf Dr. House, obwohl sie eng mit dessen Frau befreundet ist. Auch nicht auf Sandra. »Sandra, die war doch schon früher so. Und Sascha ist ja genauso. Ich glaube, die haben eine Art offene Beziehung. Sie fliegt übermorgen zurück nach Wien. Dann ist alles wieder gut!«

»Nichts ist wieder gut!«, sage ich. Und ich sage auch, dass ich finde, sie sei dafür zuständig, ihrer guten Freundin die Wahrheit zu verklickern.

Ich habe ein Déjà-vu: All das habe ich schon mal von Sebastian gehört, als es darum ging, die Sache mit Onkel Heinz und seiner Sekretärin aufzuklären und wer nun für die Wahrheit zuständig sei. Ich sei das jedenfalls nicht. Er hatte furchtbare Angst, ich könnte es mir anders überlegen. Ich könne nichts reparieren, sondern nur zerstören. Wahrheit stürze alle nur ins Unglück.

Das sei nun mal der Deal. Der ginge bei den meisten hier im Hamburger Westen auf. Und auch anderswo. Das sagt zumindest die Gastgeberin.

»Alle hier haben Kinder, Ehen, Affären, Verantwortung, jetzt, in der Mitte unseres Lebens. Diese Familie ist doch glücklich. Lass sie doch. Sie sind noch zusammen. Besser als du, als Singlemutter, immer klamm, deine Kinder sind ständig in dem Konflikt zwischen Vater und Mutter. Deine armen Kinder! Sie sind doch die Leidtragenden, nur weil du nicht fähig warst, ein paar Kompromisse zu machen! In deiner Ehe. Langsam blicke ich, was bei dir los ist. Und Sebastian, der hat ja immerhin eine Beziehung, im Gegensatz zu dir. Ja, ich glaube, bei euch damals, da war das alles nicht so schlimm. Du kannst nicht immer alle anderen Ehefrauen da mit reinziehen, in dein persönliches Drama.«

Ich wehre mich nicht. Weil ich merke, dass es keinen Sinn hat. Sie ist schon drüber. Auf der anderen Seite. Ich will auch gar nicht missionieren. Ich merke nur, wie traurig mich all das macht. Sie redet weiter: »Meine Freundin (die Frau von Dr. House) weiß schon, wen sie geheiratet hat. Sie lieben sich – trotz allem. Er ist kein Mönch. Nie hätte der sein Singleleben aufgegeben, wäre sie nicht gekommen und hätte ihn da rausgeholt. Der liebe Gott hat den Sex-Appeal halt ungerecht verteilt, vor allem bei Männern. Aber diese Männer, die können nun mal tun, was sie wollen. Und wenn wir versuchen, sie daran zu hindern, killen wir das System. Wir nehmen unseren Kindern die Heimat.«

Das war ihr Monolog. Seit ich weiß, dass sie mich für einen Systemkiller und obendrein für eine schlechte Mutter hält, ist sie meine Ex-Freundin. Nur eines ist nach diesem Abendessen klar: Ich werde nie wieder zum (gemischten) Dinner eingeladen. »Du bist ja am Rande des Wahnsinns, ihn zu verraten«, sagt sie noch. Auch ihr Mann sei extrem sauer. Auf mich.

Was soll's. Solange wir uns verarschen, bescheißen, belügen, unterdrücken, benutzen lassen, läuft alles rund. Sollen die Männer doch weiterhin mehr verdienen, die Macht behalten, ihren Samen ungestraft in der Welt verteilen, wo und wann und mit wem sie wollen. Solange wir nur die Klappe halten. Solange Ehefrauen angemessen dafür bezahlt werden. Und ihre eigenen Affären im Gegenzug nicht auffliegen. So lange ist doch alles okay. Findet meine Nachbarin.

Mit Sicherheit bekommt Frau Dr. House ein angemessenes Mutter- und Ehefrauengehalt. Mehr als sie in ihrer sozialen juristischen Wohltätigkeit für Geflüchtete je verdienen würde. Aber hat gerade so eine Frau nicht einen extrem ausgeprägten Gerechtigkeitssinn? Obwohl sie vollkommen asozial einen fetten schwarzen SUV mit hellen Ledersitzen fährt? Fast hätte ich vergessen: Ich bin ja hier der Twingo auf dem Porsche-Parkplatz. Die, die falsch parkt.

Ich bin die, die all das hinter sich hat. Den vorzeigbaren Mann und Vater, den eloquenten Entertainer, um den ich auf jeder Party beneidet wurde. Vor allem von Frauen, deren Männer in der Ecke saßen und wenig zur Unterhaltung beitrugen.

Getrennte Mütter stören das System. Sie sind wie Handgranaten zwischen den Freunden der ersten Stunde, als alle noch zusammen waren. Als alle noch dachten: »Ich habe den Menschen gefunden, mit dem ich den wichtigsten Plan meines Lebens verwirkliche: die Familie.«

Doch mein Herz schlägt weiterhin für getrennte Frauen, vor allem für all jene Mütter, die sich gegen alle Konventionen getraut haben, diesen Weg zu gehen. Ob er schwerer ist, muss jede für sich entscheiden. Oft ist es der einzige Weg. Der Weg der Wahrheit. Und wir stören damit nicht nur die Männer. Wir beschämen auch die Frauen, all jene, die immer noch ausharren in ihren lieblosen Ehedeals. Denen durch uns wieder klar wird, wie hoch der Preis ist, den sie selbst bezahlen. Allein der Gedanke, dass ich den Lügner outen wollte, hat so viel allgemeine Bestürzung dort ausgelöst, dass ich nie wieder dort eingeladen werde.

Ich bin raus. Raus aus dem System der heilen Familien. Und habe nicht nur meine Nachbarin, sondern einen Teil der gesamten Gesellschaft verlassen. Jener Gesellschaft, in der ich nichts zu suchen habe. Und das Gute ist: Das ist kein bisschen traurig. Im Gegenteil. Denn die Wahrheit ist anderswo, und die Liebe sowieso.

Sie ist ein bisschen wie der Dorschlaich im flachen Wasser, nah am Ufer, wo diese Fischart im Frühling ihre Eier ablegt. Sobald die ersten Sonnenstrahlen darauf scheinen, können wir zusehen, wie die Babyfische ihre Hüllen durchstoßen und wegschwimmen, in alle Himmelsrichtungen. Liebe lässt sich nicht festnageln, nicht konservieren und manchmal noch nicht einmal so richtig erklären. Fest steht nur, dass sie lebt.

KAPITEL 10

CHANSON D'AMOUR

Wie die Asylrechtsanwältin das Ersatzhandy ihres Mannes findet, wie Rike bei ihrem Zahnarzt einzieht – und wieder aus. Und warum man sich Liebe manchmal erkämpfen muss.

Die Liebe in der Lebensmitte zeigt sich oft nur flüchtig und lässt bei dem, der glaubt, ihr begegnet zu sein, so viele Fragen zurück wie einst das Christkind: In der Luft hängt noch ein Hauch von Glitzerstaub, der Sack mit den Geschenken steht vor der Tür. Und doch sind wir ein bisschen enttäuscht, dass es sich nicht wenigstens kurz vorgestellt hat, bei einem Tee oder einem heißen Kakao mit Sahne.

Aber die Liebe sagt ja selten: »Guten Morgen, mein Name ist Liebe, wollen wir einen Drink zusammen nehmen?« Und wenn sie sich wieder mal außerhalb der Sichtweite aufhält, können wir immer noch Gänseblümchen bei »Er liebt mich, er liebt mich nicht« befragen, ob sie es auch wirklich war. Meistens erahnen wir sie nur, tief in uns drin, vor allem im Nachhinein. Wir wollen aber Beweise, um den Glauben in Wissen zu verwandeln. Oft ist sie nämlich genau dann wieder weg, wenn sie sich zum ersten Mal wirklich bewähren muss. Die Liebe. Nach dem anfänglichen, sinnvernebelnden Wahnsinn des Begehrens, wenn sie uns durch die Stürme der Lebensmitte geleiten soll, bis hin zum letzten Ritt in den Sonnenuntergang. Und bevor wir den antreten, fragen wir uns: War es das jetzt eigentlich? Oder kommt da noch was?

Jenseits der Jugend ist Verlieben anders als früher. Unkompliziert, weil einem nichts mehr wirklich peinlich ist, inklusive der Möglichkeit eines Korbes. Kompliziert, weil der Verstand dem Gefühl heftiger als früher im Wege steht und ihm immer wieder leise von der Seite zuflüstert: »Lass es lieber. Macht nur Ärger.« So wie meiner, beim roten Riesen. Gefühle schlummern bisweilen so tief im Inneren, dass sie schwer zu wecken sind. Es bleibt also kompliziert.

Kurz nach dem Dinner am Jaenischpark reise ich mitsamt Kindern nach Marokko. Raus aus der grünen Großbürgerhölle, aus dem Umfeld der Ehedeals hinter den perfekten Fassaden, mit all ihren Lügen zwischen Zweit- und Drittliebhabern, »Fuck-Flats« und heimlichen Tinder-Accounts.

Ich muss an Samira denken, die aus Marokko kommt und mir vor Kurzem in einem Interview erzählte, dass Lügen und Arrangements in ihrer Heimat zum Alltag gehören, weil die Menschen keine Wahl haben. In ihrem Land, wo auf Zusammenleben ohne Trauschein in wilder Ehe oder homosexuelle Handlungen zwischen Liebenden Gefängnis- und Geldstrafen geahndet werden, lügt man, weil man halt lügen muss. Samira liebte zum zweiten Mal in ihrem Leben gegen alle Konventionen und wurde nun von ihrer Familie verstoßen. Sie hat es gewagt, ihren Mann, der sie 20 Jahre lang schlug und ihr Geld verprasste, zu verlassen. Nachdem sie sich in einen Jüngeren verliebte. Sie erzählte, wie viele ihrer Landsleute immer noch in ständiger Angst leben, die konstitutionalisierte Lüge regiere überall. Aber nun hat sie sich gegen alle Hindernisse zu ihrer Liebe bekannt. Er ist 35, sie 52 und demnächst geschieden.

Im Hamburger Westen sind wie überall in diesen bürgerlichen Gegenden Deutschlands Lügen dagegen meist freiwillig und selbst gemacht. Wie bei Dr. House und seiner Frau, die als junge Erwachsene beschlossen, den alten Adel mit der hanseatischen Handelsmacht zu vereinen, nicht ohne Liebe zwar, aber in erster Linie aus Liebe zu ihren Familien. Er, Sohn eines Gewürzimporteurs der Hansestadt, sie, Tochter eines verarmten, preußischen Adelsgeschlechtes, das sich in vierter oder fünfter Generation an der Elbe entlang mit Geld vermählt. Häuser und Straßennamen sind nach ihrer Familie benannt, Vermögen haben sie trotzdem keines oder nur das, das durch wohlhabende Hansefamilien immer wieder dazukommt, durch Reeder oder Kaffeeerben, die im Gegenzug den Adelstitel wollen. Können Ehepaare wie sie mit vier Kindern in den Elbvororten eine offene Beziehung führen?

Ein paar Tage vor meiner Abreise treffe ich beim Ben-Abholen die hochschwangere, blaublütige Ehefrau von Dr. House; sie trägt ihr lockiges blondes Haar mit straightem Seitenscheitel und sieht aus wie ein Gemälde von Tamara de Lempicka: große, blaue Augen, ein elegantes, scharf geschnittenes Gesicht, dem aristokratische Vornehmheit, aber auch eine gewisse Entschlossenheit anzusehen ist. Sie hat ihre Kinder auf eine staatliche Schule gegeben, wobei das Klientel hiesiger, staatlicher

Schulen auch nicht gerade am Hungertuch nagt. Nach Schulschluss parken ihre 100 000-Euro-Fahrgestelle in dritter Reihe; in Bens Klasse gibt es keine einzige Familie, die nicht mindestens ein Haus besitzt – außer uns.

Frau Dr. House begrüßt mich herzlich, ich beiße mir auf die Zunge, Achtung: Regeln! »Hi, wie geht es euch?«, frage ich, will schnell weiter, da fallen die Worte schon wie ein Wasserfall aus ihr heraus: »Wie es meinem Mann geht, weiß ich nicht! Ich sehe ihn nämlich nie ... Ich kann nicht mehr schlafen, aber er ist immer bis nachts um 2 im Büro, und ab morgen auf Dienstreise, also ohne offiziellen Grund. Wenn das so weitergeht, ist er eh nicht bei mir, wenn es losgeht, der Bauch drückt, das Baby muss raus ... meine Schwester zieht morgen bei uns ein ...«

Ich sehe sie verdutzt an, sage: »Oh, nicht so nett von ihm« und »Ja, immer Mist mit dem Bauch«, was man halt so sagt, in Eile und auf der Suche nach Bens Trinkflasche, die mit nach Marokko soll. Ich wünsche ihr alles Gute für die Geburt, dann verabschieden wir uns, in die Sommerferien.

Während ich mit meinen Kindern am Strand von Essaouira auf Kamelen gegen den Wind anreite, erreicht mich per WhatsApp jede Menge Gossip aus der Heimat: Das Baby von Dr. House und seiner Frau ist da. Rike ist beim Cowboy an der Himmelsleiter ausgezogen. Claire hat einen Neuen: Er ist 70! Ach, Claire.

Aber die beste Nachricht von allen ist immer noch die: Frau Dr. House hat die Schlösser ausgetauscht, da war ihr Baby gerade eine Woche alt. Obwohl sie Juristin ist, hatte sie keine Ahnung, ob sie im juristischen Sinne das Recht hatte, ihren Mann aus seiner selbst bezahlten Villa auszusperren. Moralisch gesehen hatte sie das allemal. Ihm war ein Fehler unterlaufen: Er ließ sein Zweithandy, einen hellblauen Nokia-Knochen aus dem Jahr 2010, in der Tasche seines Bademantels zurück. Sie hatte gerade das Baby im Tragetuch vor den Bauch gebunden, flanierte durchs Haus, damit es einschlafen würde. Da kam per Doppelpiep eine Nachricht, Absenderin: in diesem Fall Sandra. Die auch nur eine von rund sieben Gespielinnen ist, die er die letzten Wochen am Start hatte. Dr. House musste per sofort in seine »Fuck-Flat« in der Hafencity ausweichen. Von nun an kann er offiziell, mit Blick auf Elbphilharmonie und die Kräne des Industriehafens im 22. Stock am Kaiserkai Tinder-Dates flachlegen. Natürlich bedeute ihm all das nichts, beteuert er, immer wieder. Mit seiner Ehe habe das absolut nichts zu tun. Seine Frau sieht das anders.

Glasklar und nüchtern beschreibt sie später den Vertrag, der just in dem Moment zustande gekommen sei, als sie die Privilegien zu nutzen begann, die ihr durch den Ehemann zuteilwurden. Sie hat sich ungewöhnlich schnell um einen neuen Job bemüht, in einer Kanzlei für Migrationsrecht, wo sie kaum Geld verdient, aber total in ihrem Element ist. Ihr Baby gab sie mit nur drei Monaten zu einer Tagesmutter, der Große macht Abi im Ausland, die Zwillinge sind durch Nannys, Omas und Opas betreut. Die Zehnzimmervilla wird innerhalb von wenigen Wochen aufgelöst. »Es ist nur ein Haus!«, sagt sie, erstaunlich unsentimental. Sie ist glücklich. Ihr nagelneuer Mercedes-Benz-G-Klasse ist keine drei Tage nach der Trennung zurück beim Autohändler, stattdessen fährt sie jetzt einen alten Passat. Ihre neue Wohnung hat immerhin noch vier Zimmer, das Baby schläft bei ihr. Obwohl sie arbeitet, verfügt sie über weniger als ein Zehntel ihres üblichen Budgets. Sie sei so gut gelaunt wie seit zehn Jahren nicht, erzählt sie.

Ihre Affäre mit ihrem einige Jahre jüngeren, afghanischen Kollegen bringt ihr nicht nur von der eigenen Mutter bissige Kommentare ein: »Eine Dame mit Grandezza übersieht bürgerliche Betthasen ihres Mannes«, sagte die Mutter und: »In unserer Familie geht man nicht mit Muselmännern ins Bett.« Allein das Wort »Muselmänner«. Verletzte Gefühle einer Frau seien noch lange keine Basis, um zwei Familien ins Unglück zu stürzen. Im Rotary Club spreche man über den gesellschaftlichen Abstieg der Familie durch das unverzeihliche Knock-out ihrer Tochter. Und mit vier Kindern lasse sich nun mal kein »richtiger« Mann mehr akquirieren. Darauf zeigt die Tochter ihrer Mutter den Stinkefinger. Ein Typ wie ihr Ehemann könne ihr in Zukunft eine Million in kleinen Scheinen vor die Tür kacken. Das interessiere sie nicht mehr.

Erstaunlich, aber die Hoffnung der Frauen auf einen reichen Mann zieht sich immer noch durch viele Alters- und Gesellschaftsschichten. Bei hübschen, hässlichen, kleinen und großen, jungen und alten. Bei den Armen mag es verständlich sein. Doch bei den Frauen, die langsam (wieder) ihr eigenes Geld verdienen, kommt das Streben nach einem »reichen Mann« gerade so richtig aus der Mode.

In meinem Umfeld hoffen nur noch meine Mutter, Ben und bisweilen Claire auf eine »gute Partie für Mama«. Manchmal wischt Ben Männerprofile auf Dating-Apps, fahndet nach Autos und Segelbooten, die ihm gefallen, und drückt dann auf »like«. So wie bei Heiner, 52. Profilbild: die Elbphilharmonie.

Ben: »Mama, sag, ja oder nein?«

Ich: »Nein!« (Heiner wird schon einen Grund haben, seine Visage hinter der Elphi zu verbergen.)

Ben: »Aber vielleicht gehört ihm ja die Elbphilharmonie?«

...

Manchmal ziehen meine Kinder auch analoge Anbandelungsmöglichkeiten in Betracht. So wie neulich, im Auto an der Ampel. Neben uns ein Typ im Maserati, rosa Hemd, graues Haar, Piloten-Ray-Ban. Er ließ seinen Raubkatzen-Motor schnurren. Rmmmm, rmmmm.

Caspar, zutiefst beeindruckt: »Mama, sind das diese ganz teuren Autos?«

Ich: »Teuer schon, nur nicht sehr stilvoll.«

Caspar: »Los, Ben, wir gehen in Deckung.«

Ben: »Wieso? Damit der denkt, Mama hätte keine Kinder?«

Caspar, laut vor sich hindenkend: »Na gut. Ich will eh keinen Maserati, lieber einen Jaguar oder Lamborghini. Aber – hast du mal die Frauen gesehen, die in Lamborghinis sitzen ...?«

Danke, Caspar.

Die Ampel wurde grün, der Maserati-Fahrer legte einen geräuschvollen Start hin. Meine Söhne schauten ihm sehnsüchtig nach. Wie soll man es als Mutter schaffen, Kindern in diesem Umfeld die richtigen Werte zu vermitteln?

»Mama, vielleicht kannst du dir die Haare blond färben?«, fragte Ben. Wie sollte ich ihm erklären, dass es damit nicht getan ist? Ich bräuchte einen Ganzkörper-Ersatzteil-Wechsel, inklusive des Gehirns. »Gib es auf, Schatz, deine Mutter kommt nicht mehr durch den Maserati-TÜV.«

Und wenn dieser nicht mehr hinhaut, spendiert Papi in Einzelfällen ja auch mal ein neues Paar Brüste und/oder neue Gesichtskonturen. Immer noch besser, als wenn die gesamte Mutter gegen ein Modell späteren Jahrgangs ausgetauscht wird.

Auch Rike hat noch nicht das innere Maß notwendiger Devotheit erreicht, die Frauen offenbar benötigen, um Privilegien wie ein 200-Quadratmeter-Luxusappartement auf der Himmelsleiter in Anspruch zu nehmen. Ende Mai hatte Rike ihre Louis-Vuitton-Köfferchen gepackt (Überbleibsel aus der Ehe mit Nicolas, dem Franzosen), ihre Künstlerinnen-WG auf der Fleetinsel verlassen und war zu Thomas an die Himmelsleiter gezogen. Möbel hat sie nie besessen, sie ist gegen Ballast der Vergangenheit. Der Preis war allerdings höher als ein hübsches Gesicht, ein spannender, künstlerischer Job und ansonsten einfach so zu sein, wie man eben ist. Rike kam immer noch betrunken im Morgengrauen heim, während der Zahnarzt aufstand, mit den Fingerspitzen Pomade in seinen blond gesträhnten Popperschnitt strich und in sein Joggingoutfit schlüpfte.

Für einen kurzen Moment gehörte Rike also wieder zu den Privilegierten, wie damals in Cassis, an der Côte d'Azur. Sie gehörte wieder zu jenen Frauen, die morgens shoppen und zum Pilates gehen, während die Haushälterin für mittags ein Low-Carb-Lunch zubereitet. Denn solche Frauen dürfen vieles, nur eines nicht: dick werden. Zwischendurch hatte Rike Phasen, in denen sie aussah wie schwanger. Zitat Rike: »Ich hab immer so irren Hunger, wenn ich 'n Hangover habe.« Dann aß sie zehn Milchschnitten auf einmal. Wie meine Kinder. Nach ein paar Wochen kam sie immer wieder zurück in ihre alte Form. Zahnarzt Thomas akzeptiert keine Hüftrolle über dem Hosenbund. Dass Thomas nicht nur Zahnarzt, sondern Erbe alten Geldes ist, fand Rike zwar praktisch, berechnend war sie jedoch nie. Sein Sohn kam jedes zweite Wochenende, manchmal mittwochs. An diesen Tagen ging Rike mit dem Damenclub aus, schlief wahlweise bei mir und/oder anderen Freundinnen. Dass sie weiterhin das ein oder andere mal in Betten außerhalb ihres Freundeskreises landete, weiß Thomas nicht.

Ein paar Tage vor den Sommerferien, an einem strahlenden Samstagvormittag auf dem Weg zur Elbe, traf ich Rike und den Zahnarzt vor ihrem Garten an der Himmelsleiter, sie schüttelten einen Teppich aus. Thema: Wer dreht den Teppich wie herum, damit er sich möglichst leicht anfühlt und die Krümel am effizientesten abfallen?

Thomas: »Dreh doch den Teppich mal andersrum, ich kann es kaum ansehen, wie du dich dabei anstellst …«

Rike: »Hey, wie sprichst du denn überhaupt mit mir? Ich liebe dich von Herzen. Warum meckerst du mich wegen dem fucking Teppich an?« Am Anfang nannte er sie alle fünf Minuten »die schönste Frau, die ich kenne«, jetzt hat er nur noch kritische Worte für sie übrig. Tatsächlich sieht sie aus wie Drew Barrymore, mit ihren hüftlangen, rotblonden Locken, auch wenn sie ab und an auf ihren Love Handles aufliegen … Außerdem verstellt sie sich nicht, wer Rike kennenlernt, weiß sofort, mit welcher Art Mensch er es zu tun hat.

Thomas: »Wieso, Schatz, das hat doch damit nichts zu tun! Dreh den Teppich bitte andersherum. Hilfe, ich kann nicht zusehen, verdammt, warum kannst du das Ding nicht einfach rumdrehen? Wieso weißt du mit 40 immer noch nicht, wie man Teppiche ausschüttelt?« Und dann in meine Richtung: »Sie weiß auch nicht, wie man mit Messer und Gabel isst oder eine richtige Bolognese macht. Überhaupt, wie man sich als Frau benimmt.« Wahrscheinlich kam sie um 6 Uhr heute Morgen heim und roch wie ein Kasten Bier, deshalb ist er sauer. »Wieso ist für sie alles Normale so kompliziert?«, lamentierte er weiter. Es machte wenig Sinn, das ausgerechnet mir zu erzählen, nicht nur, weil ich ihn eh nicht leiden kann. Sondern, weil mich das Ganze zu 100 Prozent an Sebastian und mich erinnerte.

Dann ließ Rike den Cowboy alias Zahnarzt alias Thomas mitsamt Teppich auf der Himmelsleiter stehen und knallte wutschnaubend die überdimensionale Terrassentür des Appartements zu. Es war noch nicht das endgültige Ende. Aber der Anfang des Abschieds auf Raten. Außerdem stand die Tatsache, dass Rike mit 40 auf den letzten Drücker noch Kinder will, während Thomas' Kinder praktisch aus dem Haus sind, der Paarplanung eindeutig im Weg.

Thomas möchte, dass sein Alltag funktioniert. Er will eine Frau, die kocht und Schnittblumen auf den Tisch stellt. Die ihre verrauchten Klamotten am Morgen auf den Balkon hängt. Und nicht auf einen Haufen auf das italienische, cognacfarbene Vintage-Ledersofa knüllt, für das er eine fünfstellige Summe berappen musste. Mit solchen Dingen gehe eine Frau sorgsam um, vor allem dann, wenn sie das nicht selbst bezahlt hat, sagt Thomas. Sein Plan, »die biege ich mir schon noch zurecht«, ist leider nicht aufgegangen.

Merkwürdig, dass Menschen aus der Mitte der Gesellschaft, in der Mitte des Lebens mit ähnlicher Bildung und Sozialisierung immer wieder derartig aneinander vorbei-lieben. In Wikipedia steht, die Liebe sei eine Bezeichnung für die stärkste Zuneigung und Wertschätzung. Aber dort steht auch, dass Liebe als Gefühl tiefer Verbundenheit den Zweck und den Nutzen einer zwischenmenschlichen Beziehung übersteigt. Was sich jenseits von Zweck und Nutzen bewegt, spricht eindeutig gegen

Berechnung. Es erklärt zumindest eines von vielen Puzzleteilen des Gesamtmysteriums: Liebe ist nicht berechnend. Nach dieser Theorie hat sie mit Deals und Vereinbarungen so wenig zu tun wie Schnee mit den Kanarischen Inseln. Auch Zuverlässigkeit oder andere Eigenschaften, die in der Erwartungshaltung des anderen verankert sind, haben nach dieser Theorie wenig mit Liebe zu tun.

Kann man also jemanden lieben, der keine einzige Eigenschaft besitzt, die einem wichtig ist? Ich sage mal so: Könnte man seine Kinder auf dem freien Markt aussuchen, wie potenzielle neue Partner, hätte ich vermutlich andere gewählt. Meine Kinder wären strebsam, fleißig und pflegeleicht, sie räumten immer den Tisch ab und würden unter anderem lieber lesen als zocken, vermutlich wäre einer von beiden ein Mädchen. Und trotzdem liebe ich sie. Lege ich diese einzige zweifellose Liebe zugrunde, ist eines klar: Wahre Liebe ist immer TROTZDEM. Weil jemand der ist, der er ist, egal, ob er ins Konzept des anderen passt.

Dass die Liebe von Rike und Thomas von ungekonnter Bolognese und Heimkommen im Morgengrauen zerstört wurde, kann nur heißen, dass sie nicht stark genug war. Das sieht sogar Rike ein, die trotzdem kurz Liebeskummer bekommt, als sie bei Thomas ausziehen muss. Sie muss mit ansehen, wie Thomas sich eine sehr junge und obendrein sehr praktische Frau anlacht, die um 6 Uhr in der Früh mit ihm joggen geht, weiß, wie man putzt, und den alten Nörgler stets bei Laune hält. Rikes Versuche, ihn zurückzuholen, bleiben erfolglos. Seitdem hadert sie wieder, mit der Liebe im Allgemeinen.

»Was soll das!«, schimpft Rike am Telefon. »Sich eine Putzfrau zu suchen, eine Personal Trainerin! Was hat das mit Liebe zu tun! Kein Wunder, dass die Ex ihm abgehauen ist. Das ist ja ein Gefangenenlager bei dem, wo man immer alles richtig machen muss.«

Ein paar Tage später bekam ich eine neue SMS. Sie hätte sich wieder neu verliebt. Nicht, dass mich das gewundert hätte.

Dafür ist Claire mal wieder ein Coup gelungen, oder wenigstens ein lupenreiner Deal. Ihr Neuer hat per Vertrag festgelegt: Im Fall des Fremdgehens zieht sie ohne Schonfrist aus. Und er will viermal pro Woche Sex. Kein Problem, meint Claire, der Lustgreis sei über 70, das schaffe er eh nicht mehr. Trotzdem fällt er in ihre Zielgruppe, HON-Card, Cayenne-Fahrer, Immobilienspekulant a. D., menschliche Qualitäten: unbekannt. Nach dem Rauswurf bei dessen Vorgänger war Claire kurz so klamm, dass kein Latte macchiatto in ihrem Tagesbudget enthalten war, ihr Optimismus blieb trotz der vorübergehend misslichen Lage unerschütterlich. So verscherbelte sie Birkin Bag und Bulgari-Ohrringe auf eBay und dann kam auch schon Gerd, der Claire vergöttert. Und sie kann alles zurückkaufen. Inzwischen fährt sie wieder Porsche und bekommt so viel Taschengeld, dass sie uns alle immer zum Essen einlädt. Was wirklich irre nett von ihr ist. Einen Job im Autohaus hat sie sich trotzdem gesucht, um weicher zu fallen, falls all das noch mal passiert. Claire kommt immer durch den Maserati-TÜV. Sie rennt zwei Stunden pro Tag und isst nur Rucola und trinkt Weinschorle mit 90 Prozent Wasser. Man fragt sich zwar, wie ein Mensch mit 300 Kalorien pro Tag überhaupt überleben kann. Dafür sieht sie mit über 50 immer noch umwerfend aus und ist blendend gelaunt. In den vielen Jahren, in denen ich ihre Männer kommen und gehen sah, hatte sie noch nie Liebeskummer.

Kathi, die Vierte im Bunde der getrennten Frauen von der Elbchaussee hat ihr Leben auf pragmatische Art bequem eingerichtet. Sie verdient als Kinderpsychiaterin mit gutgehender Praxis und Lehrauftrag an der Uni als Psychologie-Professorin ihr eigenes Geld und tickt genauso wie Männer angeblich schon immer. Als weiblicher Macho besteht sie auf Waschbrettbäuchen; mit ihrer Tinder-Kartei kann sie locker eine männliche Modelagentur eröffnen. Ab und an übernimmt einer den Posten, den sie ihm zuteilwerden lässt. Und dann wird er zurück in den Teich geworfen. Auf die Frage, was sie mit denen überhaupt will, sagt sie: »Na was wohl« und rollt die Augen nach oben – als wäre das eine sehr dumme Frage. Nicht, dass sie nicht auch von der Liebe träume. Doch auf dem Weg dorthin lebe sie nun wirklich nicht im Zölibat, sagt Kathi.

In der heutigen Gesellschaft, wo die Scheidungsrate ab 40 aufwärts ins Unendliche steigt, gelingt es immer mehr Frauen, den gesellschaftlichen Pragmatismus hinter sich zu lassen und nach dem Projekt Fortpflanzung wirtschaftlich wieder auf eigenen Beinen zu stehen. Natürlich ist es nicht immer einfach, vor allem für all jene, die zehn Jahre oder länger ihren Job vernachlässigt, ausgesetzt, aufgegeben oder gar nicht erst begonnen haben. Und doch ist es der einzige Weg zum Glück.

Die Soziologin Eva Illouz befasst sich seit Jahren mit Männern, Frauen und Beziehungen und hält den Frauen in vermeintlich freien Gesellschaften die Einhaltung kultureller Normen vor, welches die Liebe zum Tauschgeschäft werden lässt. In einem Interview mit der *Berliner Zeitung*, *»Es wird viel mehr Menschen geben, die allein leben«*, vom 5.2.2019, sagt sie, Männer hätten schon immer Partnerinnen nach äußerlichen, romantischen Aspekten ausgesucht, weil sie einfach die größere Wahlfreiheit hätten. Dann führt sie Michel Houellebecq oder Stephen Hawking als Beispiele an, die als nicht gerade schön zu bezeichnen seien, aber in der Liebe erfolgreich. Doch kommen erfolgreiche Frauen heute nicht ebenfalls mit jungen, hübschen Männern zusammen? Warum soll das Konzept eine geschlechtsspezifische Einbahnstraße sein? Eva Illouz sagt, bei Männern wachse die Attraktivität – und der Erfolg in der Liebe – mit dem Alter und der beruflichen Anerkennung. Bei Männern spiele nur das soziale Alter eine Rolle, nicht das biologische. Und Frau bleibt ratlos mit diesen Thesen zurück. Was will die Soziologin damit sagen? Die Frau ab Mitte 40 befindet sich jenseits des Verfallsdatums, während Glatzen, Bierbäuche, Impotenz und alle weiteren physischen männlichen Alterungserscheinungen der männlichen Macht selbst in der Liebe nichts anhaben können?

Ich glaube das Gegenteil. Die Gesellschaft ist im Wandel, vielmehr haben die Frauen in der Liebe die Hosen an. Nicht nur, weil sie ab 40 deutlich mehr Lust auf körperliche Liebe haben als Männer, was Frauen automatisch dazu bewegt, sich altersmäßig nach unten zu orientieren. Frauen träumen nicht nur von Sex mit fleischgewordenen Marvel Comics (und zwar nicht mit 100-Jährigen), sondern sie haben ihn auch. Frauen gucken Pornos, die mit realen Wünschen im Bett zwar wenig zu tun haben, aber mal wieder bestätigen: Die weibliche Sexualität ist gerade ab der Lebensmitte so lustvoll, wie Männern das allenfalls mit 17 bekannt war. Und welche Frau ab Mitte 40 braucht bitte Viagra? Frauen sehnen sich intensiver nach sexuellen Abenteuern außerhalb einer bestehenden Partnerschaft als Männer und werden bis heute als »nymphoman« und/oder krank gebrandmarkt, ja sogar als »gestört, egoistisch, nuttig« bezeichnet, wenn sie (zu viel) Lust zugeben und eine freie Sexualität leben. Die US-Autorin Wednesday Martin hat in ihrem neuen Buch *Untrue* eine Recherche zur weiblichen Untreue abgeliefert, wie sie in solchem Umfang noch nie da war. Sie beleuchtet darin die Darstellung der Schicksale von Frauen von der antiken Tragödie bis hin zur Netflix-Serie und/oder in Popsongs. Sie interviewt Sexualwissenschaftler, Anthropologen und Frauen aus allen Gesellschaftsschichten und Lebensbereichen. Ihr Fazit: Frauen haben mehr Probleme mit sexueller Exklusivität als Männer, die Autorin gelangt nach 400 Seiten zu der Auffassung, dass die sexuelle Autonomie von Frauen den wichtigsten Schlüssel zur Geschlechtergerechtigkeit darstellt.

Eines meiner Lieblingsbeispiele bleibt Samira, die Krankenschwester, die sich mit über 50 in ihrer marokkanischen Heimat in einen 35-jährigen Mann verliebte. Sie wird ihn heiraten, damit er in Deutschland bleiben kann. Egal, was alle anderen sagen. Natürlich ist er keine Superpartie. Eher einer, der Samira das Leben zumindest außerhalb des Liebesnestes eher schwerer als leichter machen wird. Sie wusste vorher, dass es nicht einfach würde, da sie selbst nur wenig Geld verdient. Wenn Leute sie immer wieder skeptisch fragen, ob das alles mit rechten Dingen zugeht, ob sie keine Angst hätte, ihn an eine jüngere Konkurrentin zu verlieren, sagt sie ihnen: »Weißt du, was Liebe ist? Soll ich eine Kamera in meinem Schlafzimmer aufhängen, damit du mir glaubst?«

Ich glaubte Samira von der ersten Sekunde an. Obwohl sie klein und ein bisschen pummelig ist, entfaltete sie während unseres Gespräches eine unglaubliche Ausstrahlung, die nachvollziehen ließ, warum der junge Mann sich in sie verliebt hat. Endlos lange Wimpern umrahmen ihre schwarzen Sternchen-Augen, die leuchteten wie Turmaline, wenn sie von ihm sprach. Zwischendurch drehte sie ihre glänzenden, dunklen, inzwischen silbern durchzogenen Locken um den Finger. Sie lachte ständig. Und wenn sie lachte, zog ihr fülliger Mund sich quer über ihr ganzes Gesicht, gefühlt bis zu den Ohren. Wenn sie lachte, ging die Sonne auf. Ab dem zweiten Glas Tee, wo sie jeweils sechs Löffel Zucker hineingab (Zitat Samira: »Es ist mir egal, ob das dick macht, er liebt mich so, wie ich bin.«), war ich in ihrem Bann, sog ihre Geschichte auf, die so traurig ist und sie trotzdem lachen lässt. Das Gespräch mit Samira machte einem auch klar, welches Glück wir haben, hier zu leben, in einer freien Gesellschaft in einem freien Land, in welcher wir selbst entscheiden können, sorgsam mit uns selbst und der Liebe, die uns in all ihren Varianten offen steht, umzugehen. Kein Mensch in Deutschland hat es nötig zu lügen. Kompromisse sind selbst gemacht.

Als Samira mit 20 zum ersten Mal unverheiratet schwanger wurde, drohte ihr der Ausschluss aus ihrer Familie. Ihr gelang das Auswandern von Marrakesch nach Deutschland, Hamburg, wo sie mit einem Cousin zweiten Grades verheiratet wurde. Er erbarmte sich ihrer, denn eine schwangere, unverheiratete Frau in ihrem Land sei nichts als eine Schande. Sie musste ihn heiraten.

Dafür musste sie über 50 werden, um ihre große Liebe zu treffen. Sie hatte sich lange dagegen gewehrt, monatelang die Briefe des jungen Mannes aus dem Atlasgebirge nördlich von Marrakesch ignoriert und sein Werben als das eines Marokkaners abgetan, der einfach nur nach Deutschland wollte.

Erst bei ihrem dritten Besuch in Marrakesch, wo er in einem Riad Gäste betreute, ist sie mit ihm in eines der Zimmer gegangen, ganz oben, gleich neben dem spitzen Minarett der Moschee. Sie haben die ganze Nacht Sex gehabt. Jedes Mal, wenn die lauten islamischen Gebete sie aus dem Halbschlaf rissen.

Jede Minute, die ich mit Samira verbrachte, wurde sie mir sympathischer. Für all das, was sie jetzt schon wieder aushalten musste, in ihrer muslimischen Familie, die sie nun endgültig verstoßen hatte, weil sie es gewagt hat, den Vater ihrer Kinder zu verlassen. Die Tatsache, dass er damals ihr ungeborenes Baby als sein eigenes angenommen hatte, genügte, damit der Rest der Familie ihm sein Leben lang dankbar sein musste. Es war sein Freifahrtschein, Samira zu schlagen und ihr gesamtes Einkommen zu verspielen. Aber all das ist jetzt Vergangenheit.

Jetzt hat Samira die Liebe gefunden. Ich werde sie anrufen, sobald ich zurück in Deutschland bin.

Ich sitze mit den Kindern in der Altstadt von Marrakesch auf einer Dachterrasse zum Abendessen, als ich an Samira denke, die genau dort herkommt, wo wir gerade sitzen: mitten in der Medina, einen Steinwurf vom Djemaa el Fna, dem Marktplatz der Schlangenbeschwörer entfernt. Wir haben Tajine mit Huhn und Reis bestellt. Die Bergkuppen des Atlasgebirges leuchten violett, die Abendsonne schwebt wie ein riesiger, unfassbar hellroter Heißluftballon hinter den dunklen Umrissen der Palmen entlang, der jede Sekunde an den Bergspitzen des Gebirges aufzuplatzen droht.

Und dann höre ich, wie ein paar Tische weiter eine sehr laute Männerstimme auf Deutsch Wodka Sunrise bestellt. Ich drehe mich um. An seinem Tisch sitzt ein hübsches Mädchen mit langen, blonden Haaren, sie ist etwa 13 und tauscht bereits verschämt schüchterne Blicke mit Caspar aus. Und dann erkenne ich ihn trotz Dämmerung.

»Cheers«, sage ich und erhebe mein Bier in die Richtung des roten Riesen.

»Cheers«, sagt er und lächelt breit, als er mich durch seine Maulwurfbrille erkennt und: »Wir kommen dann mal rüber …«

ÜBER DIE AUTORIN:

Andrea Müller wuchs in den 70ern und 80ern als eine Art Zigeunerkind in pittoresken, deutschen Dörfern auf, im Allgäu unterm Schloss Neuschwanstein, zwischen Heidschnucken in der Nordheide und Weinbergen an der französischen Grenze. Ihr Großvater war Chefredakteur einer großen Tageszeitung, auch ihr Vater war im Verlagswesen tätig. Mit 9 Jahren verfasste sie »Tiergeschichten für die ganze Familie«, verzweifelte im Deutsch-Leistungskurs an Wallenstein, während Tonio Kröger ihr bester Freund wurde. Sie studierte an der Alliance française in Paris und später an der Deutschen Journalistenschule in München. Sie war Redakteurin bei Max, InStyle und dem Stern, ehe sie Mutter wurde und seitdem in erster Linie als freie Reporterin und Autorin arbeitet. Sie lebt mit zwei Söhnen und einer Schildkröte im Hamburger Westen.